全国教育科学规划教育部重点课题 "指向核心素养的中学化学深度学

指向深度学习的化学教学研究

程俊　著

吉林人民出版社

图书在版编目（CIP）数据

指向深度学习的化学教学研究 / 程俊著.—长春：
吉林人民出版社，2023.6

ISBN 978-7-206-20085-4

Ⅰ.①指… Ⅱ.①程… Ⅲ.①中学化学课—教学研究
—高中 Ⅳ.①G633.82

中国国家版本馆CIP数据核字（2023）第130838号

指向深度学习的化学教学研究
ZHIXIANG SHENDU XUEXI DE HUAXUE JIAOXUE YANJIU

著　者：程　俊　　　　封面设计：李　娜

责任编辑：王　丹

吉林人民出版社出版发行（长春市人民大街7548号　　邮政编码：130022）

印　　刷：北京政采印刷服务有限公司

开　　本：787mm×1092mm　　1/16

印　　张：11.5　　　　　字　数：184千字

标准书号：ISBN 978-7-206-20085-4

版　　次：2023年6月第1版　　印　次：2023年6月第1次印刷

定　　价：58.00元

如发现印装质量问题，影响阅读，请与出版社联系调换。

目 录

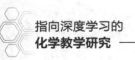

第一章

绪　论

深度学习的内涵、特征、理论依据、发生条件、实施模型、理论价值、教改实验推进和实践策略是什么？[①]在追求发展学生核心素养背景下，明确这些问题，实施深度教学，引导深度学习，是深化新时代中学化学课程教学改革的核心问题。

[①] 郭华.深度学习及其意义［J］.课程·教材·教法，2016（11）：25-32.

第一节　国内外相关研究的
学术史梳理及研究动态

一、国内相关研究的学术史梳理及研究动态

（一）国内公共教育学领域关于深度学习的研究动态

21世纪以来，国内关于深度学习的研究才刚刚起步。2005年，黎加厚教授在《促进学生深度学习》一文中率先介绍了国外关于深度学习的研究成果，同时探讨了深度学习的本质，认为深度学习是指在理解学习的基础上，学习者能够批判性地学习新的思想和事实，并将它们融入原有的认知结构中，能够在众多思想间进行联系，并能够将已有的知识迁移到新的情境中，做出决策和解决问题的学习。[①]该文被认为是国内较早介绍并论及深度学习的研究成果，此后，关于深度学习的探讨，特别是基于信息技术环境下深度学习的相关研究论文逐渐增加。

从作为符号的公共知识到作为个人意义的个人知识究竟是怎样建立起来的？2006年，郭元祥教授推进能力导向的深度教学的理论研究与实验研究，主张以价值观、知识观、学习观、过程观的重建为基础，以发展学生的学科

---

① 何玲，黎加厚.促进学生深度学习［J］.计算机教与学，2005（5）：29-30.

能力为宗旨，实施深度教学，克服课堂教学改革过于注重教学程序、教学技术、教学时间的浅层次改革和表层学习的局限性，深化课堂教学改革。2011年后，田慧生研究员基于深化课程改革的需要，带领一个团队开始启动深度学习的项目研究。直至今日，基于核心素养追求背景下的深度学习研究项目，如雨后春笋般涌现，"深度学习"成为教育研究中的一个热词。[①]2016年，郭华教授提出人的深度学习与机器的深度学习有根本不同的地方，在操作上指向课堂教学中学生的学习而非学习者的自学，强调教师对学生学习的引导和帮助作用；在内容上指向有挑战性的人类已有认识成果，特别是学科基本概念和基本原理，而非事实性、技能性知识；在本质上是学生感知觉、思维、情感、意志、价值观全面参与、全身心投入的社会活动，而非心理活动；在目的上指向具体的、社会的人的全面发展。[②]

（二）国家层面相关政策文件与实验行动

2014年9月，教育部基础教育课程教材发展中心组织专家团队，着手研究开发"深度学习"教学改进项目，将其作为深化基础教育课程改革的重要抓手和落实学生发展核心素养及各学科课程标准的实践途径。刘月霞、郭华主编的《深度学习：走向核心素养》已于2018年11月出版。[③]

2019年6月11日，国务院办公厅发布《关于新时代推进普通高中育人方式改革的指导意见》，在深化课堂教学改革中指出："积极探索基于情境、问题导向的互动式、启发式、探究式、体验式等课堂教学，注重加强课题研究。认真开展验证性实验和探究性实验教学。"2019年6月23日，中共中央、国务院发布《关于深化教育教学改革全面提高义务教育质量的意见》，在

---

① 郭元祥.论深度教学：源起、基础与理念［J］.教育研究与实验，2017（3）：1-11.

② 郭华.深度学习与课堂教学改进［J］.基础教育课程，2019（3）：10-15.

③ 刘月霞，郭华.深度学习：走向核心素养（理论普及读本）［M］.教育科学出版社，
2018.

提升智育水平中指出："充分发挥教师主导作用，引导教师深入理解学科特点、知识结构、思想方法，科学把握学生认知规律，上好每一堂课。突出学生主体地位，注重保护学生好奇心、想象力、求知欲，激发学习兴趣，提高学习能力。"上述文件进一步明确了深度学习在基础教育教学改革中的重要地位。

（三）国内化学教育学领域关于深度学习的研究动态

在中学化学教育领域，北京师范大学胡久华教授带领的全国深度学习化学学科总课题组在全国部分实验学校展开了深度学习教改实验，影响逐渐扩大，初中化学已出版成果，高中化学教改实验即将推开。[①]随后，有关"深度学习"的理论研究、指向"深度学习"的教学设计以及"深度学习"的教学策略等方面的研究全面铺开。以"深度学习"为篇名关键词在"中国知网"进行检索，在此基础上再以"化学""策略"为篇名关键词进行筛选，共检索到73篇文献（统计截止到2021年12月），从文献分布年限可以看出，我国的中学化学教育工作者对"深度学习"策略研究的相关报道在近三年有较大幅度提升，相关研究也逐渐丰富，一些化学教育工作者也颇具心得感悟，并逐步开始结合自身对"深度学习"的理解和实践经验，梳理出策略进行分享推广，有关基于"深度学习"的中学化学教学策略可以分为以下三种。

1. 从教学的某个方面切入，实施深度学习，总结策略

此类研究在教学的某个方面尝试促进"深度学习"，并针对各自实施特点提出具体的策略。例如，范海凤、惠大超以"二氧化硫的性质和作用"教学为例设计了系列创新实验，利用创新性实验引导学生进行深度学习，并提出"实验激趣、创新实验设计的微型化和绿色化、创新实验——促进学生思

---

① 胡久华.深度学习：走向核心素养（学科教学指南·初中化学）［M］.教育科学出版社，2018.

维的发展"等教学策略。[①]施建梁结合深度学习理念，针对化学课堂教学深度学习的四个环节提出教学策略：创设问题情境、激活深度思维；深入剖析文本、纸笔演绎推导；真实实验探究、综合分析应用；引导反思总结、交流评价提升。[②]梅馨基于深度学习理论提出了初中化学作业设计的策略：注重知识的连贯性、注重形式的多样性以及注重学生的接受程度。[③]何洋指出学生需要深度学习，教师需要促进学生深度学习，他基于深度学习理论对教材插图进行研究，并提出相应的教学策略：根据教材插图创设教学情境，改善学习效果；合理利用教学语言解析插图，帮助学生突破教学重难点；注重进程插图，深化化学知识的系统性；绘制化学插图，深化知识的直观性；多种教学手段丰富插图表现形式。[④]陈思滔认为化学课堂关键性问题的设计和解决，有利于将学生导向化学知识和技能的深度学习，针对关键性问题的提出，他总结的策略有：研读教材，把握核心内容；结合学情，围绕重难点找准关键性问题点；重视实验，借助思维冲突引发关键性问题；整合教学内容，提纲挈领设计关键性问题。[⑤]此类"深度学习"策略研究聚焦于实际教学过程中的某个方面，以一定的主题为切入点，指向"深度学习"的达成，并提出针对性、可行性较强的教学策略。

① 范海凤，惠大超. 创新实验：促进化学课堂深度学习的有效策略：以"二氧化硫的性质和作用"教学为例［J］. 化学教与学，2017（2）：36-37，43.

② 施建梁. 化学实验深度学习四环节教学策略［J］. 高考，2017（15）：175-176.

③ 梅馨. 基于深度学习理论的初中化学作业设计策略探析［J］. 课程教育研究，2018（47）：150.

④ 何洋. 深度学习指导下九年级化学插图策略简述［J］. 现代盐化工，2019，46（2）：115-116.

⑤ 陈思滔. 指向深度学习的化学课堂关键性问题设计策略［J］. 福建基础教育研究，2020（10）：116-117.

2. 针对某节课、某个模块或某个阶段，促进深度学习，提炼策略

课堂教学是落实先进教育理念的重要阵地，不少一线化学教育工作者在具体的课例中尝试渗透"深度学习"理念，并结合具体的教学内容、模块和学生的学习阶段提炼出教学策略。杨晓东以高中化学必修二"甲烷"的教学为例，应用深度学习的理念重构化学课堂，从"深度体验""观念引领""批判质疑"三个角度引导学生，提炼出从浅层学习转向深度学习的策略。①黄建林以二氧化碳的教学为例，通过分析当前化学实验教学存在的问题，提出"真实情境"激发深度学习、"设计评价"形成深度反思、"认知冲突"引发深度思考、"深度探究"导向高阶思维、"库恩范式"建构思维框架、"家庭实验"促使深度研究六种促进"深度学习"的化学实验教学策略。②史育萌通过分析当前初中化学试卷讲评课存在的问题，以"碳和碳的氧化物单元试卷讲评"教学为例，尝试采用深度分析试卷、深度挖掘错题资源、深度实验探究等策略，以期提高试卷讲评的针对性，运用"微专题"模式突破教学重难点，引发深度思考，促进学生深度学习。③孔唯为帮助学生理清元素化合物知识学习的系统性规律，构建相应的知识网络体系，利用深度学习理论实现了该部分知识信息的提取、聚零为整、构建框架、拓展延伸和学以致用，从教师的教学层面提出策略：注意关联知识的全面教学促进深度学习；建立有趣生动的教学互动情境促进深度学习；注重薄弱环节的教学促

---

① 杨晓东.促进深度学习的课堂教学策略的思考：以高中化学必修二《甲烷》教学为例　[A].江苏省教育学会.2016年江苏省教育学会学术年会报告文集 [C].江苏省教育学会：江苏省教育学会，2016：6.

② 黄建林.促进深度学习的化学实验教学策略研究：以二氧化碳的教学为例 [J].中学化学教学参考，2019（11）：43-46.

③ 史育萌.促进深度学习的初中化学试卷讲评课教学策略研究：以"碳和碳的氧化物单元试卷讲评"为例 [J].天津教育，2020（24）：81-82.

进深度学习。① 从学生的学习层面提出策略：做好知识归纳和联想比较；加强实践操作学习，全面掌握化学元素化合物的内涵。陈萍简析了深度学习对于高三化学教学与高考的重要性，提出在高三化学教学中"引导学生批判性地深度理解和辨析概念；在真实情境中解决问题，让学生将知识转化为能力和素养；强化过程性、探究性实验教学，促使学生关注本质"等策略。② 从此类研究案例中可以看出，"深度学习"理念的实施和应用有的是为了解决具体教学难题，有的也仅是对理念应用的初步尝试，但这些积极地吸收、创新地应用新理念的经验分享，在很大程度上推进了"深度学习"在中学化学教学中的实施。

3. 结合片段化的教学案例，综述实施深度学习的策略

在检索到的73篇文献中，有39篇论文是结合教学片段综述化学学科实施"深度学习"的教学策略。例如，黄金鑫基于深度学习的教学理念，结合高中化学的学科特点，提出促进学生深度学习的化学课堂教学模式；并从课堂教学实践中的内容整合、情境创设、学科思想渗透以及板书设计四个角度探讨促进深度学习的教学策略。③ 许洪良认为深度教学是促进初中生化学深度学习的重要途径，教师需要认清深度学习与深度教学的关系，在化学教学中加强深度教学目标设计，进行充分的深度教学准备，改进课堂教学方式，引领学生开展深度学习；教师也应通过实际问题的解决来促进学生深度学习的发展，从而有效地培养学生的深度学习能力。④ 这类策略研究已将"深度学习"

---

① 孔唯. 高中化学元素化合物"深度学习"策略分析［J］. 考试周刊，2020（21）：137-138.

② 陈萍. 高三化学实践深度学习的策略探讨［J］. 高考，2018（20）：222.

③ 黄金鑫. 基于深度学习理念下的高中化学课堂教学策略的研究［J］. 化学教与学，2018（7）：29-32.

④ 许洪良. 促进学生深度学习的初中化学教学策略研究［J］. 求知导刊，2020（4）：81-82.

理念与个人对学科教学的理解与实践经验融合在一起，通过教学实践促进理念落地，在理念引领下改进和提升教学。

此外，将39篇论文中提到的策略进行汇总统计（如图1-1所示），发现大多数中学化学教育工作者认为"创设真实情境""重视实验开展""开展科学的过程性评价""创立适度可行的教学目标""梳理知识网络构建思维导图""促进教学内容、相关知识整合"是实施"深度学习"的重要策略。这些策略也揭示了"深度学习"的独特属性[①]，深度学习是高阶的学习，它有利于学生高阶思维的发展；深度学习是整合性的学习，有利于学生知识体系的构建及应用；深度学习是反思性的学习，有利于学生不断地实践、思考、再实践与再思考，在体验中优化和改进学习方式，发展认知视角、丰富认知路径。

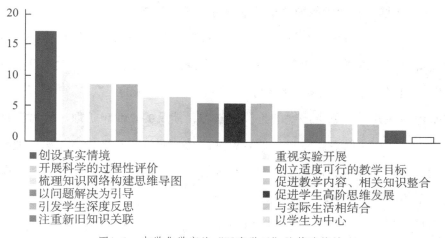

图1-1　中学化学实施"深度学习"的策略统计

①　约翰·D.布兰斯福特.认识如何学习的（大脑、心理、经验及学校扩展版）［M］.程可拉，孙亚玲，王旭卿，译.上海：华东师范大学出版社，2012.

总体看来，"深度学习"在中学化学教学中的应用日益增多，其研究也不断地出现视角、思路、方式等的创新，但因为还在发动试验期，研究成果存在着明显的短板。主要表现为：①关注教学策略多，关注课程构建、学科理解层面少；②目前有关"深度学习"的研究多为某节课、某个片段的研究，缺乏系统性的整体推进，研究成果也缺乏持续性的实践和迭代；③大多数研究缺乏对"深度学习"理念的深入理解；④较少出现对学生"深度学习"效果的测评，特别是对"深度学习"策略的有效性的实证性研究仍是一个短板；⑤如何通过"深度学习"促进学生学科核心素养发展的研究较少。因此，"深度学习"的系统性、整体性研究，其教学实效的实证性研究，其与新课标理念的承接性研究等，这些都可成为未来研究的方向。

二、国外相关研究的学术史梳理及研究动态

（一）国外教育学领域关于深度学习的研究动态

学生的学习有浅层和深层之分吗？1956年布卢姆的《教育目标分类学》里就蕴含了深度学习的思想，即"学习有深浅层次之分"，将教学目标分为了解、理解、应用、分析、综合、评价六个由浅入深的层次。[①]学习者的认知水平停留在知道或领会层次的是浅层学习，涉及的是简单提取、机械记忆符号表征、浅层了解逻辑背景等低阶思维活动，而认知水平较高的深层理解、应用、分析、综合和评价则涉及的是理性思辨、创造性思维、问题解决等相对复杂的高阶思维活动，属于深层学习。

1976年，美国学者马顿（F. Marton）和萨尔约（R. Saljo）在《论学习的本质区别：结果和过程》（On Qualitative Difference in Learning：Outcome and

---

① 安德森. 布卢姆教育目标分类学（修订版）［M］. 蒋小平，张琴美，罗晶晶，译. 北京：外语教学与研究出版社，2018.

Process）一文中明确提出了表层学习和深层学习的概念。[①]这是教育学领域首次明确提出深度学习的概念。他们在一项关于阅读能力的实验研究中，明确探讨了阅读学习的层次问题。通过让学生阅读文章并进行测验，发现学生在阅读过程中运用了两种截然不同的学习策略，一种是试图记住文章的事实表达，揣测接下来的测试并记忆，即表层学习（Surface Learning）。另一种是试图理解文章的中心思想和学术内涵，即深层学习（Deep Learning），也被译为深度学习。深度学习的学习者追求知识的理解并且使已有的知识与特定教材的内容进行批判性互动，探寻知识的逻辑意义，使现有事实和所得出的结论建立联系。浅层学习和深层学习在学习动机、投入程度、记忆方式、思维层次和迁移能力上有明显的差异。深度学习是一种主动的、高投入的、理解记忆的、涉及高阶思维，并且学习结果迁移性强的学习状态和学习过程。[②]20世纪八九十年代以来，随着学习科学的不断发展，深度学习的概念和思想在教育中不断得到应用。拉姆斯登（Ramsden，1988）、思特威斯尔（Entwistle，1997）以及比格斯（Biggs，1999）等人发展了浅层学习和深度学习的相关理论。[③]

（二）国外教育技术学领域关于深度学习的研究动态

人对知识的学习过程究竟是怎样的脑活动过程和学习过程？近半个世纪以来，在计算机科学、人工神经网络和人工智能等技术领域兴起了上述问题的追问。20世纪八九十年代，人们提出了一系列机器学习模型（包含1个隐藏层和没有隐藏层的浅层模型），取得了很多成功的应用，但是无法深入模

[①] F. Marton, R. Saljo. On Qualitative Difference in Learning：Outcome and Process [J]. British Journal of Educational Psychology, 1976（46）：4–11.

[②] 安富海.促进深度学习的课堂教学策略研究 [J].课程·教材·教法，2014（11）：57–62.

[③] 同②。

拟人脑抽象认知和思维，难以准确处理复杂的数据和问题。[①]在机器学习模型（特别是突破浅层学习模型）方面，2006年加拿大多伦多大学计算机系辛顿教授（G. Hinton）在*Science*上发表了 "Reducing the Dimensionality of Data with Neural Networks" 一文，首先提出了深度学习的概念和计算机深度学习模型，在实现计算机抽象认知方面取得了突破性进展，进一步推动了深度学习在教育领域中的研究与应用。[②]

知识学习过程究竟是一个怎样的抽象认知过程呢？近二十年来，深度学习进一步尝试直接解决抽象认知的难题，并取得了突破性进展，Alpha Go（阿尔法围棋）的问世，便是明证。2013年4月，*MIT Technology Review*杂志将深度学习列为2013年十大突破性技术之首。[③]

信息技术环境支持下深度学习如何实现？在辛顿的"深度学习"概念明确提出后，教育学领域特别是教育技术学领域的深度学习研究日益活跃起来。近年来，国外学者对信息技术支持下的深度学习及其在各学科领域、各类教育中的应用研究越来越广泛。近年来，在中小学深度学习研究方面最有影响的当属加拿大西盟菲莎大学（Simon Fraser University）艾根（K. Egan）教授领衔的"深度学习（Learning in Depth，简称LID）"项目组所进行的研究，其成果集中体现在*Learning in Depth: A Simple Innovation That Can Transform Schooling*等著述之中。[④]该研究探讨了深度学习的基本原则与方法，分析了深度学习对学生成长、教师发展和学校革新的价值与路径，并

① Y.LeCun，Y. Bengio. Convolutional networks for images, speech, and timeseries [J]. The Handbook of Brain Theory and Neural Networks. MIT Press，1998（10）：255-258.

② Geoffery E. Hinton，R. R. Salakhutdinov. Reducing the dimensionality of data with neural networks [J]. Science，2006，313（5786）：504-507.

③ 余凯等. 深度学习的昨天、今天和明天 [J]. 计算机研究与发展，2013（9）：1799-1804.

④ Kieran Egan. Learning in Depth: A Simple Innovation That Can Transform Schooling [M]. London，Ontario：The Althouse Press，2010.

在加拿大部分中小学进行实验研究，其核心成果聚焦课堂学习和教学问题，即使是关于教师教育中深度学习的研究，也聚焦于教师的学习过程和学习方式。①艾根所开展的深度学习研究项目超越了单一教育技术学视野的研究，不仅仅是关于教学设计、学习技术和学习环境开发的研究，更是基于建立新的学习观和知识观，对教学活动与学习过程做出了新的阐释。

（三）国外两个领域对深度学习研究的对比

从本质上看，计算机与人工智能领域的深度学习是建立在机器模拟人脑深层结构的基础之上的，是基于人脑结构的一种计算机算法思维和问题解决模型，是对人脑和认知结构的模拟。教育学视野下的深度学习不是学生像机器一样对人脑进行孤独的模拟活动，而是学生在教师引导下，对知识进行的"层进式学习"和"沉浸式学习"。

无论是六十多年前的布卢姆还是四十多年前的马顿和萨尔约，都指向了"知识"和"学习"两个核心，是关于知识学习的目标和过程的问题。马顿和萨尔约在关于阅读的研究中，基于学生对文本理解的层次和理解的深度提出了"深度学习"的概念，并认为学习的本质区别在于过程而不是学习的结果，是学生对文本知识学习的深刻程度决定了其学习结果的差异性。

艾根的研究实现了从深度学习向深度教学的转变。艾根的深度学习（Learning in depth）的研究更明确地指向了学生对知识的学习所到达的深度，以及教师通过对知识的处理引导学生逐步到达一定的学习深度，这一深度学习（deeper learning）的过程是一个逐步深化的学习过程，要求教师在教学过程中引导学生深度学习应着眼于知识的深层次理解和深度处理。艾根认为"深度学习"具有三个基本标准，即知识学习的充分广度、充分深度和充分关联度。

---

① Kieran Egan. "Learning in Depth" in teaching education ［J］. Teaching Education，2015，26（3）:288-293.

第二节　对深度学习教学研究有重要价值的
相关理论

一、专家与新手理论

关于专家与新手学习的差异，约翰·D.布兰思福特等在著作《人是如何学习的（大脑、心理、经验及学校扩展版）》中做出了较全面的概括，主要观点有：①对于在某些领域（例如，国际象棋、历史、科学和数学）的专业知识的研究表明，专家思考和解决问题的能力主要依赖于有关学科领域的大量知识（例如，Chase and Simon，1973；Chi et al.，1981；deGroot，1965）。但是，这些研究也清晰地表明"有用的知识"不同于一连串无联系的事实。专家的知识是围绕重要概念或"大观点"而联系和组织起来的，这些概念和观点引导他们去思考自己的领域。专家常常提到能够用来解决问题的主要原理或定律，连同为什么用在这个问题上和如何应用这些定律的理据（Chi et al.，1981）。反之，具有潜能的初学者极少用到主要原理和定律，而是非常典型地描述他们所应用的具体算法。②专家知识涉及有组织的概念结构或图示的发展，这些结构或图示说明问题的表征和理解的方式（Graser and Chi，1998）。③专家能识别新手注意不到的信息特征和有意义的信息模式。某一领域的专业知识有助于增加人们对有意义的信息模式的敏感度，而这些模式对新手来说是陌生的。④专家的知识不能简化为一些孤立的事实或命题，他有条件地指明了知识可使用的情境，这些知识受一系列环境的制约。如果设计适当，应用题有助于学会何时何地、为什么使用他们学过的知识。⑤自动化和顺畅提取是专业知识的重要特征。专家能够毫不费力地从自己的知识中灵活地提取重要内容，顺畅地识别特定领域的问题类型。加快模式识别速度，便能轻而易举地从记忆中提取合适的解决方法。⑥尽管专家熟谙自己的学科，但这不能保证他们会教导别人，他们很容易忘却学习的难易。教师必须拥有一些能帮助学生克服困难的潜在策略，舒尔曼（Shulman，1986，1987）认为教育教学知识不等同于一个学科领域的内在知识加上普通的教学策略。（作者话：同理，专家能顺畅地解决一个疑难问题，但他不一定能清晰明白地解释清楚。）⑦专家应对新情境的方法灵活多样。⑧专家的知识支持理解和迁移（到其他情境），而不仅仅是记忆能力。⑨专家不但应用他们所学的知识，而且还运用元认知不断挑战他们现有的专业知识水平，并设法超越它。监控解决问题方式的能力——元认知是专家创造力的重要表现。①

　　主要启示有以下几个：①模式识别是帮助学生增强信心及能力的重要策略，这些模式为提取与人物有关的知识提供启动条件。但模式的复杂程度必须符合学习者目前知识和技能的掌握程度。②物理数学领域的研究表明，尝试用大观点或核心概念来组织知识，能够提高对问题的理解力。③过于强调知识的广度，会妨碍知识的深入理解。④把教学的重点局限于准确性方面，无助于培养学生的顺畅性（如Beck et al.，1989；Hasselbring et al.，1987；LaBerge and Samuels，1974）。⑤着力培养学生的元认知能力。

---

① 约翰·D. 布兰斯福特. 认识如何学习的（大脑、心理、经验及学校扩展版）［M］.
　程可拉，孙亚玲，王旭卿，译. 上海：华东师范大学出版社，2012.

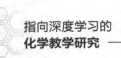

二、最近发展区与支架学习理论

维果茨基的"最近发展区"理论①认为学生的发展有两种水平——现有水平和可能达到的发展水平，最近发展区（ZPD）是指学习者的实际发展水平（actual developmental level）与潜在发展水平之间的距离。实际发展水平指学习者独立解决问题的水平，潜在发展水平指学习者在外界中介工具的指导下完成任务的水平。教学内容的设计和教学活动的组织应着眼于学生的"最近发展区"，为学生提供具有难度梯度的教学内容，从而调动其主观能动性，促成学生达到下一阶段的发展水平。这就要求教师在进行教学设计时要充分分析学情，找准学生的最近发展区，围绕"最近发展区"进行问题设计和组织活动。②

学习者在达到潜在发展水平过程中所依赖的中介辅助就是脚手架（scaffolding）。"脚手架"原是工程领域的概念，最早由伍德引入教育领域中来，用来描述儿童如何在成人的指导下学习。在"脚手架"式教学模式中，"脚手架"是一种比喻，指的是在最近发展区中有效的教与学之间的互动。搭建"脚手架"就是在学生最近发展区中提供必要的经验或联系，以促进他们完成知识意义的建构，将他们的智力发展从一个水平引到另一个更高的水平。"脚手架"的重要作用便是引导学生自主探究，为他们探索问题提供思考方向，帮助学生更加清晰地将认知结构中原有的观念和新的学习任务关联。③伍德等人（1976）提出了教学中脚手架的六个作用，分别是：引起学习者兴

---

① Vygotsky L. S. Mind in society: The development of higher psychological processes [M]. Cambridge, MA: Harvard University Press, 1978.

② 王娜. 基于"最近发展区"理论的初中生物教学设计：以"开花和结果"一课为例 [J]. 中学生物学, 2019（6）：25-27.

③ 周健. 搭建"脚手架"实现新跨越 [J]. 小学教学参考, 2019（6）：8-9.

趣，简化任务，保持既定目标，标记关键特征和差距，控制挫败感和示范。支架可以是来自父母、教师、同伴等提供的各种资源或辅助。[①]

三、元认知学习理论

依据现有的相关研究可以发现，学习策略在学生学习水平的预测方面有很明显的作用，元认知作为其中重要的一部分，对学生成绩有一定的影响。学困生与学优生元认知策略的掌握与运用水平有明显差异。

"元认知"是1976年由美国心理学家弗拉维尔最先提出的。元认知就是对认知的认知，其实质是认知个体对自身认知活动的自我意识和自我调节，它包含三部分：元认知知识、元认知体验、元认知监控。[②]从弗拉维尔的定义可以看出，元认知的认知对象虽然是认知过程，但认知过程不仅仅局限在材料学习之中，它还渗透于人类的情感活动、意志活动和社会交往等活动之中。元认知对所有以认知为基础的人类活动均可以起到计划、监控和调节的作用。

元认知知识包含有关认知主体方面的知识、有关材料和认知任务方面的知识、有关认知策略方面的知识；元认知体验是任何伴随着认知活动的认知体验或情感体验；元认知监控是主体在进行认知活动的全过程中，将自己正在进行的认知活动作为意识对象，不断地对其进行积极、自觉地监视、控制和调节。具体包括制订计划、实际控制、检查结果、采取补救措施。元认知监控是元认知的主体。[③]大量的实证研究表明：如果学生具有较高的元认知水平，就能有效地对自己的学习过程进行监控、调节，能够提高学习的效率。

---

① Wood D., Bruner, J., Ross, G. The role of tutoring in problem solving［J］. Journal of Child Psychology and Psychiatry, 1976（2）：89–100.

② J. H. Flavell. 认知发展［M］. 上海：华东师范大学出版社，1976.

③ 董奇. 论元认知［J］. 北京师范大学学报，1989（1）：68–74.

在具备一定的基础知识的基础上，学习元认知特别是策略应用已成为学生学习能力的重要组成部分。[①]

在实际的认知活动中，元认知知识、元认知体验、元认知监控三者是相互联系、相互影响和制约的。元认知知识能引发元认知体验、指导元认知监控，元认知体验能优化和发展元认知知识、激活元认知监控，元认知监控又能制约和优化元认知知识。[②]其相互关系和组成要素可以用图1-2来体现。

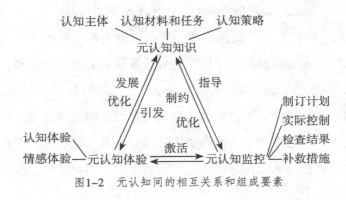

图1-2　元认知间的相互关系和组成要素

总之，元认知的三个方面是相互依赖、相互制约的。事实上，在实际认知活动中，元认知体验和元认知监控是密不可分的，因此，在实际的研究中，人们常把元认知体验和元认知监控合二为一。

①董奇.论元认知［J］.北京师范大学学报，1989（1）：68-74.
②同上。

第二章

指向深度学习的
化学课程设置

　　深度学习的教学实施，主战场在课堂，如果我们教师只盯着课堂、只盯着教材，一定缺乏开阔的教学视野、难以实现扎实的学科理解，学生也就缺乏丰富的学科实践与体验。而选修课的开设，是提升学生化学学习兴趣、加深学科理解，促进教师进行深度学习教学研究的有效途径。选修课程具有很多必修课程不具备的优点，如兴趣为上、不注重分数、不计较教学效率，这使选修课程的开设成为应试教育之外的一小片"净土"，让师生都能暂忘教学进度的压力、掌握知识的目的，而全身心投入探索与发现，惊喜才能随之而来，深度学习才能得以实现。同时，选修课程深度学习的成果也可以引入必修课程，让更多的学生受益。

　　从更高的目标来看，选修课程的开设也是普通高中教育功能、学校特色化、学生全面发展与个性化实现的重要途径。

第一节 普通高中的教育功能与课程设置

一、普通高中的教育功能

普通高中是教育中诸多矛盾汇聚的焦点，在整个教育中处于承上启下的举足轻重的重要地位。[1]世界各国基础教育发展历史表明，普及教育使命从小学开始逐步上移，精英教育使命从高等教育向下延伸，两种使命在高中教育阶段交汇，使高中教育具有了特别的意义。面临着精英教育与大众教育的双重压力和两极拉动，高中教育需要多样化发展，才能不辱历史使命。[2]

《国务院办公厅关于新时代推进普通高中育人方式改革的指导意见（国办发〔2019〕29号）》（以下简称《意见》）指出，到2022年，普通高中新课程新教材全面实施，适应学生全面而有个性发展的教育教学改革深入推进，普通高中多样化有特色发展的格局基本形成。高中多样化发展的核心便是课程体系的多样化。唯其如此，才能"提高国民素质和培养创新人才"，发挥高中作为整个国民教育体系"关键时期"的特殊地位和重要作用；[3]才

① 吴刚平. 反思普通高中课程：功能期待与结构设计 ［J］. 全球教育展望，2002（6）：33-36.

② 袁桂林. 对普通高中多样化发展的理解 ［J］. 人民教育，2013（8）：2-5.

③ 教育部. 国家中长期教育改革和发展规划纲要（2010—2020年）［EB/OL］. http://www.moe.edu.cn/publicfiles/business/htmlfiles/moe/s4668/2010 08/93785. html.

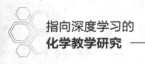
能赢得高中，赢得人才，在激烈的国际竞争中抢占人才培养的先机和制高点。①

二、我国普通高中课程设置的问题与机遇

（一）我国普通高中教育的困境

2007—2008年，华东师范大学基础教育改革和发展研究所"从精英转向大众的当代中国普通高中研究"课题组对全国11个省市的96所普通高中做的抽样调查显示，当前学生和社会对普通高中教育的需求呈多样化趋势，主要体现为：第一，学生群体异质化，同校同班学生来自不同的初中、社群和家庭，对学校环境的感知和评价存在明显的群体差异；第二，学生求学动机多样化，学生在学习能力、学业水平、个人抱负和学习动机等方面的差异日益扩大；第三，家长对子女普通高中教育结果的期待多样化，家长不仅要求高中教育能使孩子获得发展所需的知识，而且要帮助他们养成良好的社会适应能力；第四，高等院校和社会对普通高中毕业生的需求多样化，特别要求他们具有持续发展的能力。②十几年过去了，这一调查结果仍然具有很强的现实意义。

（二）我国普通高中教育的机遇

在当前进行的新一轮课改中，《意见》明确提出要实现"选课走班教学管理机制基本完善，科学的教育评价和考试招生制度基本建立"。"把综合素质评价作为发展素质教育、转变育人方式的重要制度，强化其对促进学生全面发展的重要导向作用。"评价机制、管理机制的改革，对实现高

---

① 冯生尧. 普通高中课程多样化及其配套措施：美国的经验与启示［J］. 教育发展研究，2013（18）：9-14.

② 霍益萍，黄向阳，李家成. 多样、开放、灵活：普通高中教育体系的构建［J］. 教育发展研究，2009（18）：85-88.

中新课程的育人目标具有保障性作用，因此，要积极研究和实践课程的多样性。

（三）化学新课程的结构与创新

《普通高中化学课程标准（2017年版）》指出，高中化学课程是在高中整个课程框架下建构的，是科学领域之下的一个学科，由必修、选择性必修（Ⅰ）、选修（Ⅱ）三类课程构成。

必修课程是全体学生必须修习的课程，是普通高中学生发展的共同基础。选择性必修课程（Ⅰ）包括3个模块，是学生根据个人需求与升学考试要求选择修习的课程，对选择化学作为计入高校招生录取总成绩的学业水平考试科目的学生（以下简称"化学生"），在必修模块学完后，开设三个选择性必修模块的全部内容，即《化学反应原理》《有机化学基础》和《物质结构与性质》，"非化学生"也可以选择修习其中任一模块的内容。选修课程（Ⅱ）是学生自主选择修习的课程，面向对化学学科有兴趣和不同需要的学生，拓宽化学视野，深化对化学科学及其价值的认识。选修课程（Ⅱ）设置"实验化学""化学与社会""发展中的化学科学"三个开放的系列。属于地方或校本课程，可以安排在必修课程之后，供全体学生选择修习，学生在必修或者选择性必修（Ⅰ）的基础上都可以凭兴趣进行选修（Ⅱ）不同模块的学习。

在三类课程的实施中，要求开齐开足必修课程和选择性必修课程，开好选修课程。保证三类课程的教学时间，充分发挥各类课程的教育功能，使学业质量水平达标。

新的化学课程体系，采用"必修课程+选择性必修课程+选修课程"的立体化课程结构，是本次课程改革的创新与亮点，是课程多样化的基础，顺应了国际高中教育改革的潮流。特别是选修课程（Ⅱ）的设置，为学校进行自主课程建设提供了制度保障和极大的创新空间。

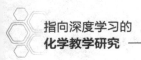
第二节　国际高中化学课程多样化体系的特征

如果放眼中国乃至世界，我们也可以发现，凡是特色鲜明的高中无一例外地在课程设置上着力谋求变化，均把办学和育人特色的核心突破口定在课程上。[①]其科学或化学课程的主要特征如下。[②]

一、"必修+选修"的课程结构

"必修+选修"是发达国家和地区最常见的课程结构。2018年3月日本文部科学省公布了新修订的《高中学习指导要领》。修订后的高中理科课程包括三类：一是"科学与人类生活"，为必修科目，确保学生拥有广泛的理科基础学力；二是物理基础、化学基础等4种基础类课程，学生需要选择一个科目；三是包含化学在内的五种选修课程。学生可以根据自身学习倾向，组合出适合自己的科目结构。其化学基础、选修化学课程在认知目标和内容要求上有明显的差异。[③]芬兰高中阶段采用多样化的化学课程设置模式，包括必

[①] 程俊. 基于国际视野的高中化学选修课程的设计与实施［J］. 中小学教师培训，2021（1）：74-78.

[②] 徐士强. 本道术原：普通高中特色课程的建设逻辑［J］. 中国教育学刊，2019（7）：42-48.

[③] 彭蜀晋. 日本新修订的高中化学课程概览［J］. 化学教育，2018，40（15）：82-86.

修课程、专业课程和应用课程三种形式。必修课程为"人类与生活环境的化学"，是在全国范围内实施的、面向所有高中学生开设的课程。专业课程和应用课程属于选修课程，学生可以不选或选择多个。专业课程有"化学的微观世界""反应和能量""金属和材料""反应和化学平衡"①，是对必修课程的拓展和延伸。应用课程体现了理论联系实际的原则，它为学生提供专门的实践性知识，包括方法论、职业技能、学科交叉、学科整合这样的综合课程。②由此可见，发达国家的高中化学课程在重视基础的同时，十分关注不同学生对课程学习的需要。

二、课程水平分层分级

为适应各类理科生的需要，有的国家和地区设置与不同的专业水平测试匹配的理科课程。如美国高中课程同一门学科，可分为常规、拓展、加速三个层次，供不同学生选择。③我国上海市中学化学课程分为基础、拓展、研究三类，三类课程按功能划分，但又相互渗透，学生在一定范围内定向自主选择修习。④俄罗斯化学课程结构，分为纵向深化的三个层次：入门阶段、基础阶段和专业阶段。高中阶段就是获得专业化学知识的阶段，专业阶段又包含三个级别：普通级别、提高级别、深化级别，其中提高级别除基础知识和理论外，加入化工和化工技术模块，深化级别包含化学分析基础、高分子化合

① 李璐，黄翠英. 高中化学课程标准的国际比较和启迪［J］. 化学教育，2018，39（11）：1-4.

② 任锐. 芬兰普通高中课程改革的发展历程与启示［J］. 吉林省教育学院学报，2015，31（5）：126-128.

③ 杨明全. 美国高中课程多样化个案研究：以托马斯·杰弗逊科技高中为例［J］. 教育学报，2013（4）：37-43.

④ 上海市教育委员会.上海市中学化学课程标准：试行稿［S］.上海：上海教育出版社，2004.

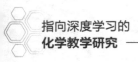

物、分散系统和表面现象、生化基础等。提高级别和深化级别都属于分科课程，适用于将来学习自然科学专业的学生。[①]选择高层次课程的学生，与大学教育的衔接非常顺畅。

三、突出实验教学

各国的课程内容各有其特点，但都将"通过实验学化学"作为共同的追求，无论是侧重原理学习，还是侧重生活实践的课程。德国将中学化学课程分为两个阶段，明确列出每个阶段要达成的化学实验和研究方法目标。在中学第一阶段，要求学生熟悉实验的流程，明确实验的各个环节。在第二阶段，要求学生独立设计、操作、评价实验，培养逻辑思维和解决问题的能力。[②]印度的化学课程要求学生结合化学实验训练实验技能，参与实验课题研究，列举了各年级可供师生参考的研究课题，培养学生运用实验方法解决实际问题的能力，并将实验和探究活动融入学习评价体系。[③]

四、注重综合实践研究

美国在2011年7月率先发布了《K-12年级科学教育框架》，确定了科学教育的三个维度：科学与工程实践、交叉观念、学科核心概念。美国高中课程，除了核心课程、大量自主选修课程，还特别提出综合性的研究计划与项目，这种课程是在学校课程计划之内的，兼顾了学术知识与实践应用，鼓励学生进行自主性的设计、研究和创新。美国著名的磁石学校——托马斯·杰弗逊科技高中有一个特殊的要求，就是所有高年级学生都被要求完成一项技

① 普通高中化学课程标准修订组.普通高中化学课程标准（2017年版）解读［M］.北京：高等教育出版社，2018：15—17.

② 程晨.德国化学课程中的"学科能力"研究［D］.上海：华东师范大学，2010.

③ 何懿雯，王祖浩.印度高中化学新课程述评［J］.比较教育研究，2005（12）：78—82.

术实验项目，目的是增加高中生的学术经验。芬兰的《国家核心课程大纲》中增加了"基于现象（主题）的教学"，要求学校尝试打破学科之间的壁垒，围绕学生感兴趣的某一现象或主题调配师资进行教学，结合不同学科的知识和技能设置跨学科的个性化课程，增加不同学科之间的对话，了解不同学科之间的相互依存关系，培养学生的横向贯通应用能力。[①]

从全世界范围来看，各国在课程改革中都注重增加选择性，致力于为学生提供个性化的教育。一方面，减少毕业生获得的学分总量，针对面向全体学生的毕业要求越来越低；另一方面创新难度越来越大，需要的知识经验越来越多，世界各国普遍重视"英才教育"，其高中阶段学习的深度、难度和强度一直在不断增大。[②]

① 韩宝江.芬兰新一轮基础教育课程改革进程［J］.基础教育参考，2019（3）：7-9.
② 戚业国.普通高中多样化发展的理念、经验与模式［J］.人民教育，2013（10）：16-19.

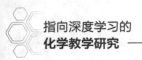

第三节　高中化学选修课程的系统化设计

　　学生实现深度学习不只是在必修课程之内，还应该在整个必修+选择性必修+选修的课程体系之下，设置多样化的、满足个性化发展的课程。新课程方案要求"优化课程结构，实现课程多样化、学生个性化选择、学校特色化发展，需要进行选修课程的系统化设计"。①那么，根据化学学科的知识来源和学科特色，借鉴国际经验，可以从以下几个方向来设计选修课程。

一、源于实验

　　为了夯实基础，切实扭转忽视实验教学的倾向，新课标专门规定了必修课程和选择性必修课程中各9个必做实验，这是基本要求。如果要"强化学生实践操作、情境体验、探索求知、亲身感悟和创新创造，着力提升学生的观察能力、动手实践能力、创造性思维能力和团队合作能力，培育学生的

---

① 中华人民共和国教育部.普通高中课程方案（2017年版2020年修订）［S］.北京：人民教育出版社，2020.

兴趣爱好、创新精神、科学素养和意志品质。"[1]仅仅依靠必做实验，还远远不够，需要通过选修课，给学生更多接触实验、探索实验的机会。因此，在课标设定的"实验化学"选修课程之外，可以设计以下课程进行拓展或深化。

（一）趣味实验

很多学生对化学的兴趣就来源于化学实验。如各种微型爆炸实验、各种喷泉实验、结冰实验、变色实验等。这些实验能让学生看到化学物质的精彩纷呈、看到化学变化的奥妙无穷。还有很多实验是在自家厨房就能实现的，如生活中的指示剂、食品的酸碱性、自制米酒、大晶体实验、维生素C抗氧化实验等，能让学生感受到有趣的化学就在身边。

（二）改进与创新实验

教材上的很多实验，还有继续探讨和研究的空间，比如可以将很多氧化还原反应设计成原电池，在实验室实现，如自制燃料电池。再比如海带中提取碘的实验，很容易失败，到底是什么原因导致实验失败，可以继续做对比实验探讨。结果发现，海带灼烧不充分、灰烬煮沸时间不足、滴加过氧化氢和稀硫酸时稀硫酸浓度不足或氧化时间不够、淀粉配制时间较久，都容易导致无法提取出碘。那么给予相同的海带，可以来一个提取产率大赛，能极大地激发学生的探究热情，培养严谨的实验态度。

（三）数字化实验

近年来，数字化实验成为中学化学教学中一道亮丽的风景，实现了实验手段的数字化、测量呈现实时化、现象规律可视化，实现了信息技术与化学实验教学的深度融合，解决了传统实验只能定性、不能定量，定量却无法体现过程的现状。开设选修课，可以将传统化学课堂中的定性实验改为定量实

---

[1] 中华人民共和国教育部.普通高中化学课程标准（2017年版2020年修订）［S］.北京：人民教育出版社，2020.

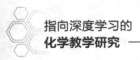

验，如测定温度、浓度、同离子效应等多种因素对电离平衡的影响；也可以设计一些创新实验，如基于数字化实验探究苯酚的弱酸性；还可以研究传感器的使用，如高温传感器在中学化学实验中的多个应用。[①]

（四）虚拟实验

对于因受时空限制而在现实世界中无法观察和控制的事物和现象、变化太快或太慢的过程，以及有危险性、破坏性和对环境有危害的实验，可用模拟、设计、编程、制作等多种方式以及增强现实、虚拟现实等技术手段呈现。例如，钾与水反应会发生爆炸，摄影人员经过多次失败后，捕捉到该反应的三个阶段：整块燃烧、爆炸的瞬间及最后的"珍珠"，并看到紫色的火焰。[②]如果没有专业人士摄影，并进行最后的制作，很难看到如此奇妙的过程。有编程能力的教师也可以带领学生通过编程，借助虚拟手段，让学生看到美妙的实验现象。

二、源于生产生活

化学与我们的生产生活息息相关，引导学生正确认识化学品、合理使用化学品、了解化学品的基本生产状况及其与环保的关系，这是学生科学素养的重要组成部分。在课标设定的选修课程"化学与生活"之外，可以设计以下几门课程进行拓展或深化。

（一）化学与饮食

在日常生活中，选择一个水杯，是PC（聚碳酸酯）材质的还是PP（聚丙烯）材质的好？给婴儿选择奶瓶，为什么要规定不含双酚A？选择炒锅、煎锅、炖锅，材料有不锈钢、铸铁、涂层锅、陶瓷，哪种更适合？食品级304钢有什么特别之处？常用的食品添加剂有哪些，如何安全使用？常用的保健品

---

① 夏建华. 数字化实验与中学化学教学深度融合［M］. 合肥：安徽教育出版社，2016.
② 杨帆. 疯狂化学［M］. 北京：人民邮电出版社，2015.

有哪些，如何合理使用？市面上的食盐有哪些品种，如何选择使用？

（二）化学与药物用品

日常生活中有哪些常见的药物，其功能、用法、用量是怎样的？常用的洗涤剂、消毒剂、杀虫剂有哪些，功效与安全使用方法是什么？常见的皮肤用化妆品、毛发用化妆品和洁齿用品有哪些？你知道它们的组成、性能和使用注意事项吗？香水的成分是什么，是如何制作的，其作用机理是什么？

（三）化学与家居

常见的衣料有哪些，其化学组成和合成方法是什么，各有哪些优劣？墙面、地面、木板等装修材料为什么会释放出甲醛、苯等有害物质？怎样避免居室装修污染？哪些物品可能用到荧光剂，荧光剂的危害有哪些？你知道哪些宝石，它们的化学成分是什么？其物理、化学性质和价值如何？一些常见的化学药品、制品如何回收？

（四）化学与技术

工厂里的化学技术广泛而复杂，但与中学化学相关的重要课题有制硫酸、合成氨、纯碱的生产、污水处理、钢铁的冶炼、铝的冶炼、无机非金属材料的制备、高分子材料的合成、化肥与农药的生产与使用、表面活性剂、精细化学品的合成与使用，等等。从优化制备路线、原料选择、反应原理研究、原料预处理、催化剂的改进、设备选择、条件控制、产品分离、能量的充分利用到三废处理，都可以设计很多学习的课题。

三、源于化学史

在世界范围内的科学教育改革中，科学史教育正从科学教育的边缘进入科学教育的中心。学习科学史，可以认识到科学发展的历史动态画面，历史地把握科学的本质，深刻地理解科学与人的存在之间的关系，以及科学的发

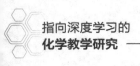
展对人的精神的影响。[1]事实上，我们的日常教学中能够融入的化学史十分有限，要通过选修课程将化学史中的探究过程与人文历史瑰宝呈现给学生。可以开设如下几种课程。

（一）化学名家成长史

伟大的科学家诺贝尔冒着生命危险最终发明了炸药，他将生命、智慧与财富都献给了世界；"现代有机合成之父"伍德沃德一生合成的各种极难合成的复杂有机化合物达24种以上，包括维生素B_{12}，还探明了不少复杂有机物的结构与功能，他还对化学教育竭心尽力，培养出的优秀学生遍布世界各地，包括同样获得诺贝尔化学奖的化学家霍夫曼。这样一个个激荡人心的故事，会给年轻人带来莫大的前进动力，看到科学的价值和科学家的使命。

（二）化学物质诞生史

许多化学物质的发现、合成，无不凝聚着化学家的汗水和智慧。为了研究"萤火虫为什么会发光？还一闪一闪的？颜色还有不同？"美国生物化学家麦克尔·罗伊和他的研究生斯特雷勒收集到15000多只萤火虫，1957年分离出9毫克被称为"荧光素"的化合物。1961年，美国化学家怀特发现了荧光素的结构和发光原理，进一步研究表明，所有萤火虫体内的荧光素都是一样的，但荧光素酶不一样导致催生出不同的颜色。荧光素还能与不同的氧化剂作用产生我们想要颜色的光。[2]还有维生素C、青霉素、液晶等，这些物质有哪些作用？它们从发现、合成、使用到改进，经历了哪些曲折的过程？这样生动的化学物质诞生史能极大地激发学生探索的欲望，并见识到多种探究方法。

（三）化学理论发现史

英国化学家英戈尔德与休斯对简单的有机反应展开深入研究，首次为人

---

① 袁维新.科学是教育的教学价值与教学模式［J］.教育科学研究，2004（7）：38-40.
② 德里克·B.罗威.化学之书［M］.杜凯，译.重庆：重庆大学出版社，2019.

类揭示了有机化学中旧键断裂和新键形成所涉及的反应方向和顺序，其用来解释反应机理的"推电子"标记法及系列概念（如亲核、亲电、Sn1、Sn2等）已成为业内标准术语，一直被化学家们用来设计反应条件和预测产物结构。[1]还有阿伏伽德罗假说、元素周期表、勒夏特列原理、配位理论、表面化学、伍德沃德–霍夫曼规则等重要理论的问世，给我们呈现了精妙绝伦的科学创造性思维。

（四）化学技术革新史

1891年发现的原油裂化技术在石油化工领域是意义非凡的巨大进步。但是，机械工程师兼化学家荷德莱发现：仅仅具备高温环境远远不够，还需要催化剂。因此，他针对不同的催化剂体系进行了大量筛选。一直到了1938年，他成功改造出新型催化裂化装置，使汽油产量翻倍。受益于他的发明技术，二战期间，大批美国炼油厂具备了为前线源源不断地供给高性能航空燃料的能力。[2]还有玻璃、氰化提金法、加氢反应、色谱分析、不锈钢等技术的不断革新，让人无不惊叹于科学家、工程师锲而不舍的探索精神，惊叹于技术革新的力量。

四、面向未来

高中教育的任务是促进学生全面而有个性地发展，为学生适应社会生活、高等教育和职业发展做准备，为学生的终身发展奠定基础。化学学科也可以设计相应的课程，助力于学生更好地适应未来、挑战未知。

（一）面向学科前沿，设置《化学学科前沿》

该课程围绕合成化学、催化化学、界面化学、理论与计算化学、化学测量与成像以及化学动态学等现代化学研究的重要领域，选取化学科学研究成

---

① 德里克·B.罗威.化学之书［M］.杜凯，译.重庆：重庆大学出版社，2019.
② 同上。

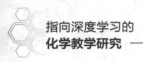

果的典型案例，引导学生认识化学是一门由实验和理论共同支撑的科学，了解化学理论发展的方向和挑战。另外，还有现代化学工程的研究，在不断探索如何揭示物质转化过程中传递、分离、过程强化和反应之间的关系及其对产品组成、结构和性质的影响；实现化工过程的原子经济性，发展安全高效和节能环保的物质转化工艺和系统。围绕催化剂工程、膜分离工程、复杂体系化工基础数据的测量与建模等相关典型研究成果，引导学生了解化学工程前沿研究的问题与思路。①

（二）面向大学，设置《大学先修课程》

大学先修课程源于美国，叫AP课程，是在普通高中开设的、由部分高中生选修的、具有大学水平的学术性课程。②在我国，近年来大学先修课程已经引起很大关注，为了满足少数学生深入学习和个性化成长的需求，不少重点高中也尝试进行了实践，开设了大学先修班或大学先修课程。美国和我国留学机构AP课程开设的先修课程主要以美国AP化学大纲（AP Chemistry Syllabus）为纲要，自主组织教材。我国重点中学开设的先修课程基本是在学生已经完全掌握高中化学课程的基础之上开设，所以，可以直接以大学《基础无机化学》为基本参考教材，根据学生的水平，进行弹性化的设计，在无机、有机、结构或物理化学方向上进行更深入的继续学习，加强高中与大学教育的衔接。

（三）面向职业，设置《与化学相关的职业》

我国现今化学课程与教学体系中的一个重大缺失就是职业教育，学生不了解与化学相关的职业，对化学的认识受到很多负面信息的影响，使很多

---

① 中华人民共和国教育部.普通高中化学课程标准（2017年版2020年修订）［S］.北京：人民教育出版社，2020.

② 杨明全.普通高中开设大学先修课程：理念、价值及实践路径［J］.课程·教材·教法，2014, 34（9）：91-96.

热爱化学的同学失去了了解化学并将化学作为大学继续学习科目的机会。新课程人教版教材在必修两册书中呈现了八种与化学相关职业的资料卡片，即水质检测员、测试工程师、科技考古研究人员、化学科研工作者、化工工程师、电池研发人员、环境保护工程师、营养师。[1]但是，这只是一个引子，要想真正深入了解相关职业，需要专门开设选修课程，进行更全面而深入的介绍，帮助学生全面认识化学科学的价值，帮助对化学有兴趣的同学理性选择未来专业方向和职业。

（四）面向终身，设置《跨学科项目式学习》

设置化学选修课程，不应将内容和范围局限于化学学科。可选取反映学科发展前沿、激发学生学习兴趣的研究案例，如碳材料、自修复材料等新型材料；灰霾形成机制与健康风险；水和土壤污染过程控制与修复；燃料电池、二次电池和超级电容器等电化学能量储存与转化系统集成等，设置跨学科的项目式学习、STEM等课程，引导学生体验研究思路与方法。了解材料、资源、能源、生态、环境、生命、医药以及信息技术等领域与化学都有很强的交叉融合，认识化学作为一门中心学科在促进科技发展中所起的作用。

① 王晶，毕华林.普通高中教科书化学.必修第一册［M］.北京：人民教育出版社，2019.

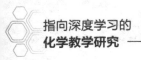
第四节 高中化学选修课程的立体化实施

根据各校实际、学生的兴趣特长，鼓励学校和教师以课标建议的选修课程系列为参考，选择组合上述有关课程，采取立体化的实施策略，以实现内容丰富的、课时长短不一的、教学方式灵活的、线上线下校内校外相结合的校本选修开课模式。

一、教学内容分层化

选修课程在内容层次、难度上各不相同，甚至不少课程本身就可分为多种层次。按照课程的难易、综合性程度，按照高中生的接受水平，将课程分为三种层次：基础性、拓展性、学术性。趣味化学实验、化学与饮食、化学名家成长史、与化学相关的职业属于基础性课程，全体学生都有机会选择修习；教学实验改进与创新、数字化实验、虚拟实验、化学与材料、化学物质诞生史等主要倾向于拓展性课程，对化学有兴趣的学生、又有一定的知识基础，就可以修习；化学理论发现史、化学技术革新史、化学学科前沿、大学先修课程可以设计为学术型课程，甚至继续拓展到不同的学术方向深入研究，特别适合将化学作为未来学习研究方向的资优生。而跨学科项目式学习，倾向于拓展性、学术性的融合性课程。通过层次的划分，各层次学生的发展需求都得到满足，资优生就有了深度拓展学习的阵地。

二、教学主导多元化

如此丰富的选修课程，仅靠学校教师难以完全胜任，一定要调用各种社会资源，请社会各界相关人士加盟主导课程，如请医生、检测员、工程师、大学教授等走进课堂。还有一些专门针对中学科技教育的公司，有大量现成开发的STEM教育项目、科学实验配套仪器和教材，可以考虑引进学校。但是，课程的设计者、教学内容的制定者一定是学校教师。在课程大纲之下，一定要有具体的教学目标、教学内容、资源利用、活动设计、作业设计等，以保证课程的完整性、系统性、一致性和有效性。同时要推进教师教研共同体的建设，加强资源共享，增强选修课程的建设能力。

三、学时安排机动化

根据某课程本身的知识容量，根据学生的发展方向，这些选修课可以学时长短不一。如某些基础课程，化学与饮食、化学名家成长史设计成9课时，每周一节，学生修习完可获得0.5学分。教学实验改进与创新、数字化实验、化学物质诞生史等方法性强，对学生思维量要求比较大的课程，可以每周安排两节联排，9周18课时学完，获得1学分。学术性课程可能用时更多。还有的科目可以利用现在日渐成熟的研究性学习基地，尝试在学期末组织一周集中学习，使学生小组能集中浸润在科学探究、合作与实践的氛围中。

四、学习空间泛在化

选修课程既要着眼于学校实际、教师特长，也要着眼于地方特色与资源，着眼于时代发展，努力拓宽科学实践的渠道，因地制宜打造学生科学实践大课堂，建设一批稳定的学生科学实践基地。例如，学习大学先修课程，要用到先进复杂的仪器，可以走进大学实验室体验。钢铁厂、净水公司、污水处

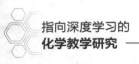

理厂、岩石博物馆等,走进现场能看到真实的场面,看到各种设备及环境,看到经历每次化学反应之后的变化,场面会更加真实、震撼。

但是,考虑到管理、安全、时间等各项因素,学生能出校园的机会毕竟有限。更多的可以借助在线课程,通过真实的视频、图片让学生看到各个环节的变化,甚至能看到在现场看不到的反应设备里的真实状况,有的还可以做成虚拟动画让学生完整感受整体流程,再配以工程师专业的讲解,其学习体验会更深刻,甚至优于现场观摩。通过这样拓展学习空间,学生可以真正实现泛在的学习。

五、教学方式多样化

《意见》提出:"积极探索基于情境、问题导向的互动式、启发式、探究式、体验式等课堂教学,注重加强课题研究、项目设计、研究性学习等跨学科综合性教学。"根据不同课程内容的不同特征,设计不同的教学方式,鼓励开展主题性实践活动和项目式学习活动。如化学与饮食,可以采取主题调查、参观访问、科普宣讲、专家讲座等方式;数字化实验课,可以采取文献研讨、小组合作实验探究、主题论坛与汇报等方式。尤其是资优生,本身就具有较强的理解与分析能力,可以更多地引入合作探究、分享汇报的方式。要使师生都获得难得的体验和发展,实现有效的选修课程教学,选修课程一定要率先推进教学改革,实现教学方式的多样化,推进学生学习共同体的建设,使之在形式多样的探究、体验、合作中获得进步。

抓住这次高中课程改革的重大机遇,通过选修课程的多样化设计与立体化实施,走多样化发展的课程之路,助力于高中育人方式的重要转变,实现大众教育的基础性、精英教育的可选择与持续发展,真正实现学生的多元化、个性化需求,实现教师的专业成长,实现学校的特色化发展。基于这样的课程体系,资优生才能实现真正的课程选择自由,实现个人发展的个性化、特色化,在个性化课程选择之下实现自主学习、深度学习。

第三章

指向深度学习的
教学目标设置

　　2014年3月，教育部在《关于全面深化课程改革　落实立德树人根本任务的意见》中提出了"核心素养"这一概念，标志着新一轮课程改革所关注的焦点是"核心素养"。在党的十九大教育方针指引下，教育部于2017年发布了《普通高中课程方案（2017年版）》，在此基础上，颁布了普通高中各门课程的课程教学标准。《普通高中化学课程标准（2017年版）》（以下简称《课标（2017）》）在化学学习评价理念上发生了很大的变化，指出"依据化学学业质量标准，评价学生在不同学习阶段化学学科核心素养的达成情况，积极倡导'教—学—评'一体化，使每一个学生化学学科核心素养得到不同程度的发展。"[①] 紧接着，广东省各地市于2020年9月份开始使用新教材。如何深入理解化学学科"立德树人"的内涵，解读课程标准的要求，如何正确解读新教材对核心素养的培养体系，改变教学与评价两张皮的现状，在"教—学—评"一体化的实践中培养学生的必备品格和关键能力，教学设计和实施过程中体现由"知识为本"向"素养为本"转变，这是新时期化学教研的重要课题。

---

① 中华人民共和国教育部.普通高中化学课程标准（2017 年版）［S］.北京：人民教育出版社，2017.

第一节　核心素养与化学学科核心素养

一、概念剖析

化学是在原子、分子水平上研究物质的组成、结构、性质、变化及其应用的一门基础学科，其特征是从微观层次认识物质，以符号形式描述物质，在不同层面创造物质。化学不仅与经济发展、社会文明的关系密切，也是材料科学、生命科学、环境科学、能源科学和信息科学等现代科学技术的重要基础。化学在促进人类文明可持续发展中发挥着日益重要的作用，是揭示元素到生命奥秘的核心力量。[1]

普通高中化学课程是与九年义务教育《化学》或《科学》相衔接的基础教育课程，是落实"立德树人"根本任务、促进学生化学学科核心素养形成和发展的重要载体；化学学科核心素养是现代社会公民必备的科学素养，是学生终身发展的重要基础；化学课程对于科学文化的传承和高素质人才的培养具有不可替代的作用。[2]

深度学习是针对实践中存在大量的机械学习、死记硬背的浅层学习现象而提出的，这里的"深度"指向学生高级认知和高阶思维。同时，深度学习

---

[1] 中华人民共和国教育部. 普通高中化学课程标准（2017年版）[S]. 北京：人民教育出版社，2017.

[2] 同上。

是学生感知觉、思维、情感、意志、价值观全面参与、全身心投入的活动，这里的"深度"指向立德树人，指向发展核心素养，指向培养全面发展的人。诚然，深度学习是发展学生核心素养、落实学科核心素养的重要基础。

二、核心素养及课程建设

一段时间以来，国内学者对于核心素养的研究主要围绕国际组织与国外的核心素养介绍进行，自教育部基教二司〔2014〕4号文《教育部关于全面深化课程改革　落实立德树人根本任务的意见》印发以来，更多的学者对我国核心素养的构建给予了关注。[①]以"核心素养"为关键词在中国知网进行文献搜索，近10年发表的文章有5000多篇，而绝大多数成果在2017年之后。

张华认为，核心素养是解决复杂问题和适应不可预测情境的高级能力与人性能力。其核心是创造性思维能力和复杂交往能力。[②]钟启泉认为，核心素养指的是同职业上的实力与人生的成功直接相关的涵盖了社会技能与动机、人格特征在内的统整的能力。核心素养是课程发展的DNA。[③]褚宏启认为，核心素养是"关键素养"，不是"全面素养"；核心素养要反映"个体需求"，更要反映"社会需要"；核心素养是"高级素养"，不是"低级素养"，甚至也不是"基础素养"；核心素养要反映"全球化"的要求，更要体现"本土性"的要求。[④]林崇德领衔的教育部重大课题研究组认为，学生发展核心素养指学生应具备的、能够适应终身发展和社会发展需要的必备品格和关键能力，是关于学生知识、技能、情感、态度、价值观等方面的综合

① 中华人民共和国教育部.普通高中化学课程标准（2017年版）〔S〕.北京：人民教育出版社，2017.

② 张华.论核心素养的内涵〔J〕.全球教育展望，2016（4）：19.

③ 钟启泉.基于核心素养的课程发展：挑战与课题〔J〕.全球教育展望，2016（1）：4.

④ 褚宏启.核心素养的概念与本质〔J〕.华东师范大学学报（教育科学版），2016（12）：23.

表现。①

在课程建设与实施方面，崔允漷认为，核心素养不是一个种概念，而是一个类概念，其实质是从学生学习结果的角度界定未来社会所需要的人才形象②；辛涛等认为，我国现行课程标准中缺乏核心素养/能力方面的内容，导致教育能力本位与知识本位的混淆。我国现行课程标准重视对于课程内容的诠释，注重学科知识体系的科学性和完备性。内容往往是脱离现实生活的较为抽象的学科知识，而没有以培养学生相应的学科能力为核心组织课程内容。③

三、高中化学学科核心素养

学科核心素养是学科育人价值的集中体现，是学生通过学科学习而逐步形成的正确价值理念、必备品格和关键能力。④

高中化学学科核心素养是学生发展核心素养的重要组成部分，是高中生综合素质的具体体现，反映了社会主义核心价值观下化学学科育人的基本要求，全面展现了化学课程学习对学生未来发展的重要价值。

化学学科核心素养包括"宏观辨识与微观探析""变化观念与平衡思想""证据推理与模型认知""科学探究与创新意识""科学态度与社会责任"5个方面。

5个方面的核心素养立足高中生的化学学习过程，各有侧重，相辅相成。

---

① 林崇德.构建中国化的学生发展核心素养［J］.北京师范大学学报（社会科学版），
  2017（1）：72.

② 崔允漷.追问核心素养［J］.全球教育展望，2016（5）：3.

③ 辛涛，姜宇，王烨辉.基于学生核心素养的课程体系建构［J］.基础教育论坛，2016（3）：
  34—37.

④ 中华人民共和国教育部.普通高中化学课程标准（2017年版）［S］.北京：人民教育出
  版社，2017.

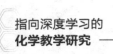

"宏观辨识与微观探析""变化观念与平衡思想""证据推理与模型认知"要求学生形成化学学科的思想和方法；"科学探究与创新意识"从实践层面激励学生勇于创新，"科学态度与社会责任"进一步揭示了化学学习更高层次的价值追求。

上述素养将化学知识与技能的学习、化学思想观念的建构、科学探究与问题解决能力的发展、创新意识和社会责任感的形成等多方面的要求融为一体，体现了化学课程在帮助学生形成未来发展需要的必备品格和关键能力中所发挥的重要作用。

第二节　促进学科核心素养发展的教学案例

案例1　"惰性教学"向"素养性教学"的转变

——以选修阶段化学反应速率的教学为例

　　新的课程改革倡导以提高学生的核心素养为目标，进行"素养性的教学"。但是，我们当下的高中教学还远远达不到这个水平，存在一种"惰性教学"，其特征是学生获得的知识，除了在课堂、应试等结构简单的问题中有效，难以在其他复杂的、不可预测的生活情境中灵活地迁移与运用，难以对学生的情感和科学精神起到激励作用。[①]正如杜威指出，这种知识教学"旨在应对课堂问答、上课与考试，对日常生活经验毫无意义。这会产生两种不良后果：一是平常的经验难以得到丰富；二是因为学生习惯于一知半解和生吞活剥教材，把这种教材装到脑子里去，这种态度便削弱了思想的活力和效率。"[②]这样的教学不仅封闭了学生的想象力，扼杀了思

---

① 张良. 论素养本位的知识教学：从"惰性知识"到"有活力的知识"［J］. 课程教材教法，2018（3）：50-55.

② John Dewey. Democracy and education：An introduction to the philosophy of education ［M］.New York：The Free Press, 1916.

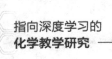
想的活力，而且难以实现知识的内在价值，狭隘了学校教育的育人价值。而素养性教学的目标和要求不同，素养是运用知识、技能与态度解决不可预测情境的高级能力，不仅能帮助学生应对那种新颖的、有难度的应试问题，更能解决实际生活、实验探究中面对的真实问题，培养学生创造性地独立解决问题的能力。

说起化学反应速率这个课题，可能老师和学生都觉得非常简单，必修阶段已经初步掌握了反应速率的计算方法、影响因素、对比实验的设计，选修阶段还有什么新问题呢？从表面来看，确实没有，但从学科素养的发展来看，必修的水平远远不够。如果以必修的知识来解决问题，这些知识只能是惰性的，没有包容性和发展性的，不能实现学生学科素养的积极发展。

下面，笔者尝试从四个角度来挖掘化学反应速率的学科素养内涵，实现素养性的教学。

一、结合化学史教育，体验科学精神和科学方法，培养学生积极的科学情感

我国著名化学家傅鹰教授说过："化学可以给人以知识，化学史可以给人以智慧。"化学史在中学教育中具有重要的教育意义，结合化学史可在知识习得、过程体验及情感升华方面对学生产生积极作用，从一段段化学史中体会到科学家研究化学规律的科学方法和研究思想，进而将其内化为自身的科学素养及相关能力。

根据素材类型的不同，化学史可以有以下几种融入中学教学的方式：①讲述相关化学家的成长故事，让学生看到一名化学家的成长一定是通过坚持不懈地学习、思考与实践才能实现的，他们的成就也让历史和社会铭记。比如，伟大的有机化学家伍德沃德曾说："有机合成中有激动，有探险，也有挑战，也可能包含着伟大的艺术。"结合他获得的大量的成就，很容易激发学生的向往之情和奋斗的激情。②展示一项科学成就从萌芽到成功的艰辛历

程，也是改变人类生产生活的伟大历程。比如工业合成氨，从提出假设到实现规模生产，经历了二百多年，无数的科学家为之付出了无尽的汗水和努力，最终诞生了三项诺贝尔化学奖，实现了人类大规模生产粮食的梦想，使世界人口得以大量增长。学生每每听到这段故事，就会热血沸腾，奉献社会的责任感和成就感油然而生。③将一项理论或发现不断完善或成熟的过程，设计成浓缩的探究活动，让学生先自我探究一番，再展示科学家的实际探究过程，进行对比分析。比如给你一份完全不知道组成和结构的液态有机物，你如何获知其成分，进而探明其结构？需要哪些步骤和方法？科学家的探索过程是如何逐步完善与发展的？突出以学生为中心的思想，在展现科学知识形成过程中，促进学生积极思考，参与知识的建构和问题解决，形成动态的、变化的知识观，提升问题的解决能力。

在化学反应速率这节内容中，也有很精彩的化学史事件。比如工业合成氨，科学家最初发现该反应具有自发性，平衡常数也比较大，但反应速率太慢。1907年，分别以能斯特和哈伯为代表的研究小组几乎同时尝试用N_2和H_2直接化合的方法合成氨。能斯特小组在实验室在685℃、50个大气压和用金属铂、锰等作催化剂的条件下，获得0.96%的NH_3；哈伯研究小组在实验室采用550℃、200个大气压和用金属锇或铀作催化剂的条件下，获得8.25%的NH_3，这令哈伯获得1918年的诺贝尔化学奖。接着化学工程学家博施等人利用哈伯合成氨的方法，尝试了多达6500次的试验，测试了2500多种的配方，找到了合适的氧化铁型催化剂，这一催化剂的选择，使工业合成氨反应的活化能降低一半，700K时的速率加快了3.4×10^{12}倍，最终实现了生产工业化。加上在发展高压化学方面取得的成就，博施于1931年荣获诺贝尔化学奖。①这一伟大发明创造，使人类从此摆脱了依靠天然氮肥的被动局面，加

---

① 江敏. 与社会发展相伴随行：以"合成氨工业生产条件选择"为例［J］. 中学化学教学参考，2014（8）：5-9.

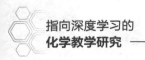

速了世界农业的发展。这样鲜活的历史事实，带给学生心灵的冲击、精神的动力是巨大的，比任何说教都更有意义。

二、联系实验事实、生产生活实际、现代科技发展，让学生充分体验解决问题的路径

惰性教学的根源在于知识与情境的割裂，将学科知识视为能打包、自给自足的实体，关注的是抽象的、简化的和去情境化的概念。[①]"唯有使知识和技能回到个人生活、社会生活和职业世界的具体情节中去探究与实践，方有素养的形成与发展。"[②]化学是最终要面向生产生活实际、面向社会未来发展的学科，因此，化学知识的学习绝对不能闭门造车，能有机会联系实际，就应该联系起来。下面以反应速率的测定和计算为例，阐明如何进行素养性问题的设计。

惰性问题 反应 $4A（s）+3B（g）\Longrightarrow 2C（g）+D（g）$，经2分钟，B的浓度减少 $0.6mol \cdot L^{-1}$，请计算该反应的化学反应速率。

为什么要用这种没有实际意义的反应呢？我们换成下面这种实际的情境，学生的思考量马上不同。

素养性问题 （1）针对Zn与稀硫酸的反应，若要测定该反应的速率，应该如何设计实验？需要测定哪些物理量？

分析：学生一开始手足无措，因为从对物质状态的认识到物理量的选择和测定，学生都是陌生的，这个真实存在的问题，与原来习题中遇到的各种简化的情境都不同。学生慢慢才找到线索，可以测定一定时间内锌粒质量的变化，可以测定放出一定体积氢气所需的时间。当他们慢慢找到解决办法之

---

① John Seely Brown，Allan Collins，Paul Duguid.Situated cognition and the cultrue of learning［J］. Educational researcher，1989，18（1）：32-42.

② 张华.论核心素养的内涵［J］.全球教育展望，2016（4）：10-24.

后，最终对速率概念的理解是真实的、深刻的、能够迁移的。

追问　在锥形瓶内盛6.5g锌粒，加入40mL 2.5mol·L^{-1}的硫酸，10s时恰好收集到标准状况下44.8mL的H$_2$。请计算该反应的速率（忽略锥形瓶溶液体积的变化）。

学生反应：学生1只能计算出v（Zn^{2+}）、v（H$^+$），且为1∶2，认为锌粒、H$_2$没有速率，认为有浓度变化的物质才能计算出反应的速率；学生2认为v（H$_2$）=0.004mol·L^{-1}·s^{-1}，所有物质的速率都能用浓度变化来表示。

分析：这都是惰性学习产生的后果，只知道$v=\Delta c/\Delta t$这一种计算途径，不知道任何其他的测定与计算速率的可能性。

由这种实际情境引发的素养性教学，带给学生的素养发展是：每种状态的物质都有反应的快慢，都可以用相关性质表示出来，用一定的物理量进行测量（包括固体和纯液体），这些不同的物理量之间能相互转换。如v（Zn）=0.013g/s，v（H$_2$）=4.48mL/s，v（H$^+$）=2×10^{-3}mol/（L·s），这些物理量之间的联系是：相同时间内n（Zn）=n（H$^+$）/2=n（Zn^{2+}）=n（H$_2$）。

我们会发现，这种情境的不同点在于：①这是一个真实的情境，其计算是有实际意义的，是能帮助学生解决实际问题的；②能将惰性学习带来的思维错误或缺陷全都暴露出来，进而加以纠正；③这个计算方法和思维方法是可以推广到其他实际情境的。

素养性问题　（2）高温下金属镁能在氧气中进行氧化反应，若要测定其氧化腐蚀的速率，应该如何设计实验？需要测定哪些物理量？

分析：这个反应的情境是陌生的，又没有一定体积的溶液，学生完全无法与$v=\Delta c/\Delta t$建立联系，会感觉很难入手。但是，有了上面素养性问题（1）的学习，学生不难找到解决的线索，如根据一定时间内金属质量的变化来测定，根据一定时间内氧气浓度或气压的变化来测定。非常棒，学生的能力马上得到提升。

追问　表3-1所列数据是某高温下金属镁在氧气中进行氧化反应时，在金属表面生成氧化膜的实验记录，k 为与温度有关的常数。请问该如何计算该反应的速率？

表3-1　金属镁表面生成氧化膜实验记录

反应时间 t/h	1	4	9	16	25
MgO层厚 x/nm	0.05k	0.20k	0.45k	0.80k	1.25k

学生反应：可以用金属氧化膜的生成速率来表示，其理由是化学反应的快慢既可以用反应物的消耗速率表示，又可以用生成物的生成速率表示，不局限于任何状态，也不局限于任何物理量。

渐渐地，学生的思路就会慢慢开阔，就会形成科学家一样的思维方法和探究能力：速率测定的方法有很多种，能表征物质变化的物理量都可以加以利用，如气体的体积、物质的压力、电导率、折射率、颜色等各种物理化学性质随时间的变化。

这样的情境还实现了跨学科知识的整合，实现了学习思想、观点、方法、程序、认识和术语等的融合。

三、衔接上位概念与理论，使学生获得解决高级问题的基础与思维

在化学反应速率与平衡的教学中，我们发现有几个问题是很容易使学生迷惑的。比如压强对速率和平衡的影响、多因素影响时速率的变化。这些问题为什么说不清楚，或者我们自认为解释清楚了，其实对学生而言非常难以理解。因为我们没有给学生讲清楚问题的本质。

第一个问题是，为什么压强变化是否影响速率要看是否引起了浓度的变化？除了用模型来辅助理解，可以引入理想气体状态方程。理想状况下，$pV=nRT$，可以换算成 $p=cRT$，即当温度一定时，p 与 c 成正比，浓度变化才会引起物质的分压变化，充入惰性气体是否会引起平衡移动，要看是否会引起浓

度的变化。

另一个问题是，为什么反应物浓度的改变会影响正反应速率，生成物浓度的改变会影响逆反应速率？可以给学生引入速率方程。例如，对于

$mA+nB{=\!=\!=}C$，化学反应速率方程的一般形式写作：$r = -\dfrac{1}{m}\dfrac{\mathrm{d}[A]}{\mathrm{d}t} = k[A]^x[B]^y$，

在这个方程中，［A］表示一种给定的反应物A的活度，单位通常为摩尔每升（mol/L），但在浓度不大时也用浓度代替（若该反应物为气体，也可表示分压，单位为帕斯卡（Pa）。k表示这一反应的速率常数，与温度、反应介质（溶剂）、反应活化能等因素有关，与浓度无关，一般可通过阿累尼乌斯方程计算出来，也可通过实验测定。指数$x+y$为反应级数，取决于反应历程。在基元反应中，反应级数等于反应物化学计量数之和。但在非基元反应中，反应级数与化学计量数不一定相等。[1]这个方程一展现，学生就理解了，为什么速率与温度、固体反应物的接触面积、反应活化能、物质浓度有关，为什么反应物浓度只影响正反应速率？因为正反应速率是反应物浓度的函数。也进一步理解压强是通过浓度变化影响速率的，气体浓度的变化才会带来分压的变化。

这两个较深入的上位理论一出现，很多学生恍然大悟。当然，我们引入这两个上位概念，不是要进行深刻理解和应用，只是为了辅助理解当下那些说不清道不明的问题。既然引入上位理论不会加重学生负担，还能让他们对理论的来源更加清晰，何乐而不为呢？

这样的深入学习使各种推理有了更有力的证据，有助于学生看清概念的来源，打通概念间的关系，更便于联系和区分概念的内涵、外延和应用，很自然地与大学基础化学相衔接，学生可以很顺畅地进行深度学习，解决更高级的问题。

---

① 华彤文，等.普通化学原理（第4版）［M］.北京：北京大学出版社，2013.

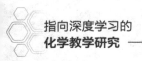
四、深入挖掘概念的内涵，弄清相近相似概念的区别与联系，完善理论知识体系

在反应速率的实际教学中，学生会出现以下几个典型问题。

问题1 取一支试管，加入4mL0.01mol/LKMnO$_4$酸性溶液，然后2mL0.2mol/L草酸溶液，若该溶液褪色时间为0.2min，请计算该反应的化学反应速率v（HC$_2$O$_4$）。

典型错误： ①直接计算草酸消耗完的速率，没考虑到草酸是没消耗完的；②没有留意到溶液混合后溶质浓度的变化。

错误诊断： ①简单套用速率公式，没有理解浓度变化这个物理量的具体含义和表现。草酸没有反应完，如果不利用KMnO$_4$的变化量，如何能得出它的浓度变化？②KMnO$_4$在混合后浓度发生了变化，如何能直接用原浓度？

分析： 不管用什么物理量计算速率，一定是那段时间内当下存在的物理量的变化。

问题2 600℃时，在一容积为2L的密闭容器中，将二氧化硫和氧气混合，发生反应：2SO$_2$（g）＋O$_2$（g）$\rightleftharpoons$ 2SO$_3$（g）。在第15min时检测到SO$_3$的物质的量为0.04mol，求这段时间里各物质反应的速率。

典型错误： 认为在这15min内，用SO$_2$表示的反应速率减小，用SO$_3$表示的反应速率增大。认为用SO$_2$表示的速率与用SO$_3$表示的速率不同。

错误诊断： 将平均反应速率与瞬时速率混淆，将$v_正$、$v_逆$与净反应速率相混淆了。

分析： 对于同一个化学反应，同一个时间段，无论用什么物质表示，其反应速率应该是相当的。这个问题用c-t图看更好，能看出SO$_2$和SO$_3$表示的反应速率的变化趋势的一致性。一定时间内的速率都是指平均速率，若将观察时间间隔无限缩小，平均速率的极限值即为化学反应在某时刻的瞬时速率。

从 c-t 图上看，瞬时速率就是某一点的斜率。

化学反应有可逆性，当正向反应开始进行之后，随之即有逆反应发生，所以实验测定的反应速率实际上是正向速率和逆向速率之差，即净反应速率。如该反应的 v-t 图，刚开始反应物浓度最大、正反应速率最大，生成物浓度为0、逆反应速率最小，此时净反应速率也最大，然后正反应速率不断减小，逆反应速率不断增大，净反应速率也逐渐减小，直至为0，所以平衡时的 $v_{正}=v_{逆}\neq 0$。反映在 c-t 图上，三种物质的 c-t 线斜率都是开始最大，慢慢减小直到平衡时变为0。但是有些化学反应逆反应速率非常小，如 H_2O_2 分解出 O_2，可看作单向反应，这时我们把反应刚开始一刹那的瞬时速率称为初速率。[1]

这样结合图像的内涵分析，点破了相近概念之间的异同，让学生对相关概念的理解更加透彻，知识体系更加科学完整。

无论哪类核心素养，都"不是直接由教师教出来的，而是在问题情境中借助问题解决的实践培育起来的"[2]。化学反应原理的知识上通下达，非常深奥又能面向解决实际问题，我们在教学时要深入挖掘概念的内涵，打通理论之间的联系，让学生充分感受理论的深刻性、科学性，并通过创设生活情境、学科情境，让学生运用已有知识解决当前问题情境，并在这期间创生出个人理解，从而生成素养。

① 华彤文，等.普通化学原理（第4版）［M］.北京：北京大学出版社，2013.
② 钟启泉.基于核心素养的课程发展：挑战与课题［J］.全球教育展望，2016（1）：3-25.

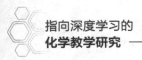
案例2 基于模型建构的学科能力提升策略

——以选择性必修阶段的原电池教学为例

在电化学的教学中，老师们通常有个共性的困惑，就是学生在学原电池的基本原理时，感觉已经很清晰明了，但是，最后一面对综合问题或陌生情境，很容易迷惑和混淆，原来觉得很简单的问题，现在可能都不知道从哪里入手。笔者也曾为此困惑，因此连续几届深入了解学生的思维障碍，提出了几点改进策略，进行了实践探索，成效明显。

一、学生认知障碍分析

分析学生解决原电池的典型错误和障碍，发现以下几个问题。

（一）没有稳定的解决问题的思路

让分析一个原电池，学生常常不知从何入手，语言之间缺乏相应的逻辑联系。其根源是没抓住问题的本质，只是看到复杂多变的表象，不能从得失电子的起点来分析问题。没有从根源上认识到，因为有自发的氧化还原反应，才有原电池。

（二）对常见元素化合物的基本性质掌握不全面

因为对一些基本物质的性质不熟练，所以学生在原电池体系中找不到自发的氧化还原反应，所以不知道是什么物质得失电子、引发电流。

（三）没有理解电极反应式书写的实质

对电极反应式的配平，很多学生抓不住本质问题，即电子的得失是首要的，其次才是环境问题和原子守恒，有的学生首先盯着原子守恒，为了配原子守恒，随意书写电子得失数、随意配置环境微粒，结果总是反复出错。

（四）不理解双液原电池

不理解为何氧化还原剂不接触，反应还能发生。这是很多学生在面对电池问题时的原始困惑，连能产生电都表示怀疑，所以，不少学生在心里对原电池表示本能抗拒。其实，这需要教师给学生补充浅显的电极电势差的知识。

（五）不理解没有金属的原电池

看到有金属的体系，马上就判断金属为负极，找不到金属的体系，思维就比较混乱。这仍然是没有抓住氧化还原的本质，做负极的是还原剂，不一定是金属。

（六）对于电池中各部分的作用认识不准确、不全面

当某部分被其他物质替代而形成新的电池后，对于各部分在电池中担当的角色就比较混乱，所以无法应对各种变化的化学电源。

二、理论基础及分析

综合分析近年来国内对原电池教学的研究，北京师范大学王磊教授高端备课团队的四要素法理论价值最高、影响最大，他们主张建构四要素的原电池认知模型。

王维臻、王磊、支瑶等人抽象和建立了"负极反应物、电子导体、正极反应物、离子导体"的四要素普适模型，从认识对象、装置、原理、能力四个维度立体诠释该模型对学科认知方式、能力发展的影响。[1]史凡、王磊提出知识呈现的阶段、价值对学生模型建构有重要影响，比如在必修原电池教学

---

[1] 王维臻，王磊，支瑶，等. 电化学认识模型及其在高三原电池复习教学中的应用［J］. 化学教育（中英文），2014（1）：34-40.

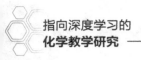

时即引入氢氧燃料电池，将电极反应物和电极材料的功能分开。他们还提出模型的建构需要几个阶段：建构、陈述思维外显、模型各因素的连接、模型中各因素的改变、模型的应用。[①]

以上研究对帮助学生建立原电池的思维模型和认识思路帮助很大，能够破解学生的部分认知障碍，但主要停留在必修阶段的教学，对于复杂变式的研究不够深入具体、对学生氧化还原能力的缺失研究不足。

三、教学策略研究与实践探索

本书将具体阐释如何建立模型，如何与常用元素化合物知识相衔接，如何创造课堂氛围，充分利用多种变式和真实情境帮助学生实现知识的内化和迁移。

（一）找准目标——模型建构

《普通高中化学课程标准（2017年版）》要求"知道可以通过分析、推理等方法认识研究对象的本质特征、构成要素及相互关系，建立认知模型，并能运用模型解释化学现象，揭示现象的本质和规律"。[②]模型建构是化学核心素养的重要组成部分，特别是对于原电池这样具有规律性的极有利于建模的课题。但是，建模的思想和方法还没有引起较大的关注。在广东省内随机抽取52名高中化学教师调查发现，针对同样进行人教版选修四原电池教学的教师，约19%的教师没有建模的意识，69%的教师有建模的意识，但对模型的认知有偏差，9%的教师有较正确的建模认知，但不都能明确有效地帮学生建立起来。在有意识帮学生建立模型的教师中，80%左右的教师将Zn-Cu单液原电池作为原电池学习的模型，所以导致上述后面三个障碍的产生，带来一些很

---

① 史凡，王磊. 促进学生学科能力发展的高一原电池教学关键策略［J］. 化学教育（中英文），2018（1）：19-26.

② 同上。

难纠正的错误观念。这些错误观念的产生，原因是多方面的，如模型呈现的偏差、模型建构流程设计不科学、模型应用不到位等。

下面，以某重点中学三个班级选修阶段原电池教学的实践情况为例，具体阐释如何引导学生建构模型，见表3-2。

1. 模型建构流程

表3-2　原电池模型建构流程

教学环节		学生反映出的问题	问题分析	实践对策
1.复习Zn-Cu-CuSO$_4$原电池	①请分析现象及工作原理	40%的学生不会将现象分区表达，或没有分区表达的意识	没有理解原电池反应的本质特征是两个半反应分区进行，分区才能实现电能的输出	引入双液原电池后重点强化，并引入电极电势差，为双液原电池做铺垫
	②分析装置各部分的作用	81%的学生没有考虑周全，主要是没理解：①Zn的作用，除了负极反应物，还做负极材料；②铜仅作正极材料	将负极反应物与负极材料的功能分开，有利于学生面对非金属的负极，建立更加普适的模型	探讨各部分能否被其他物质替代，理解铜仅作为正极材料的功能，明确四要素
2.自主设计Cu-Fe^{3+}反应的双液原电池		主要障碍在正极材料：8%的学生用Fe^{3+}；21%的学生用Fe；49%的学生用C、Cu、Pt等；20%的学生不知道正极用什么	选修阶段学生固有的错误观念是：电池中要有活泼性不同的两个金属电极	用氢氧燃料电池继续打破学生对金属作电极反应物的顽固认识
3.自主设计H$_2$-O$_2$双液燃料电池		知道H$_2$和O$_2$作为正负极反应物、电解质溶液作离子导体，但不知道H$_2$和O$_2$在哪里得失电子	当回顾四要素，将正负极反应物与材料的功能分开后，才发现两种气体反应的场所是电极材料	要进一步落实原电池的组成要素，进一步理解电极电势差的作用

续 表

教学环节	学生反映出的问题	问题分析	实践对策
4.请总结原电池的组成要素。有哪些要素可能重合？	四要素模型是"正负极反应物、正负极材料、电子导体（导线）、离子导体（电解质溶液）"，负极反应物可能和负极材料重合；正极反应物可能和电解质溶液重合①	原电池中不需要"活泼性不同的两极"。至此，学生关于原电池的普适模型基本建立	利用简单变式和复杂变式在陌生情境中逐步应用、巩固

2. 模型应用与巩固

模型应用 已知：$2Fe^{3+}+SO_3^{2-}+H_2O \rightleftharpoons 2Fe^{2+}+SO_4^{2-}+2H^+$。如图3-1是一套电化学装置，图中C、D均为铂电极，U为盐桥，G是灵敏电流计，其指针总是偏向电源负极，请分析该电池如何工作。

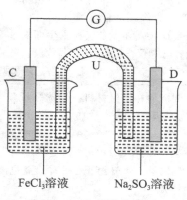

图3-1　电化学装置

关键障碍：这个陌生的体系，没有活泼金属电极，两个电极又是一样的，也没有单质可以参与反应，前面没有哪类原型与其类似。同时，这还是

---

① 中华人民共和国教育部. 普通高中化学课程标准（2017年版）〔S〕. 北京：人民教育出版社，2017.

一个可逆反应，因担心发生逆反应，学生的思维进一步受到干扰。

问题解决模型：将体系中物质分为氧化剂、还原剂两类→找到最强的还原剂和氧化剂（做负极和正极反应物）→写主反应→写电极反应式→画电子、离子移动方向→判断其他物质的作用→确定原电池的四要素（因为题目提供了主反应，所以可根据方程式找到最强的还原剂和氧化剂）。

思路分析：这个体系中最强的还原剂是SO_3^{2-}，最强的氧化剂是Fe^{3+}。C、D铂电极作电极材料，Cl^-、Na^+作离子导体。但是达到平衡后，Fe^{3+}和SO_3^{2-}的浓度下降，Fe^{2+}和SO_4^{2-}的浓度上升，正逆反应的速率相等，达到平衡状态，导线中无电流通过，指针不再偏转。但是可以想办法破坏平衡状态，如增加Fe^{3+}或SO_3^{2-}的浓度，继续向右发生自发的氧化还原反应、继续输出电流。不管如何陌生，本质都还是寻找和创造自发的氧化还原反应。

整个教学过程中，第一，通过各种电池原型的有序呈现，建立了原电池的四要素普适模型；第二，在各种变式的逐步应用中，建立了先寻找最强还原剂和氧化剂的问题解决模型。后续再用各种新情境来巩固这两个模型，实现从知识到能力和素养的提升。

（二）衔接基础——氧化还原原理及应用

从上述实践的关键障碍中发现，学生在运用原电池问题解决模型中最大的困难就是寻找最强的还原剂和氧化剂，建立主反应，或者对于已知的主反应，剖析其氧化还原原理。但是对于一些陌生反应的案例，学生即使知道了四要素模型，却对氧化还原这个拦路虎束手无策。因此，要从以下两方面来复习巩固。

首先，针对陌生反应，巩固电子转移方向、氧化剂、还原剂、氧化性、还原性这几个重要概念，特别是要弄清楚电子从哪里来到哪里去。

其次，归纳常用的氧化剂、还原剂。在必修阶段，有些物质的性质很少涉及，但在电化学中这些物质屡屡被用到，如Li、Li^+、$LiMn_2O_4$、Pb、$PbSO_4$、PbO_2、MnO_2、MnOOH、Pt、Ag、Ag_2O、Ni、Ni（OH）$_2$、Cd、

K_2FeO_4、Fe^{3+}、ASO_4^{3-}、NH_4^+、NH_3、乙醇、二甲醚、甲醇等。学生见到这些相对陌生或性质复杂的物质，难免慌乱，如何能看出谁与谁反应？因此，教师应该带学生夯实好这一学习基础，重温物质氧化还原性的判断。像Li、Ag、Pb、Ni、Cd虽然是少见的物质，但它们都是金属单质，都具有一定的还原性，而Au、Pt是最惰性的金属，一般的氧化剂都不能将其氧化。像Li^+、Na^+、$LiMn_2O_4$、PbO_2、MnO_2、Ag_2O、$Ni（OH）_2$、K_2FeO_4、Fe^{3+}，虽然结合的元素多种多样，但其间的主要元素都呈最高价态，因此，常常用作氧化剂。而$PbSO_4$、$MnOOH$中的金属元素呈中间价态，所以可能是高低价态归中的产物，可以作为氧化产物、还原产物。而乙醇、二甲醚、甲醇、葡萄糖这些有机物，常常用作燃料，需要结合氧气或其他氧化性物质才能燃烧，所以在原电池中作还原剂，充当负极反应物。

经过这样的分类巩固，新型电池的神秘感就会大大降低。学生才能从主体和环境中看到所有可能反应的物质，并甄别出其中的氧化剂、还原剂，找到自发的氧化还原反应，才有了电子的转移方向，才产生了电，才有可能辨识出四要素，将建立的模型清晰地用到各种情境中。

下面以学生最容易反复出错和混淆，但在生产生活中又最为普遍的吸氧腐蚀为例，分析无论面对什么样复杂多变的装置，教师都要引导学生将每个物质对应回经典装置，如图3-2所示，仍能看清氧化还原的本质。

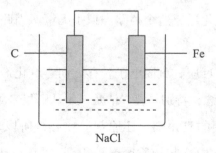

图3-2　氧化还原的经典装置

师：请问在图3-2装置中能检测到电流吗？

生：能，但很小。

师：发生了什么电极反应？

生：负极$Fe-2e^- \!=\!= Fe^{2+}$，正极$2H^++2e^- \!=\!= H_2$。

师：哪里来的H^+？

生：水电离的。

师：水能与铁自发地发生氧化还原反应吗？

生：不能。H^+浓度太小了。

师：那你们为什么写H^+作氧化剂？

生1：因为没想到氧气。

生2：因为水电离的微量H^+也能得电子（将强制性的电解反应与自发的原电池反应混淆了）。

师：是啊！为什么电解池中，水电离的微量H^+也能得电子？

生3：因为电解池强制性地输送电子到阴极，电子可以被动地获得电子。

生4：但原电池里，需要H^+主动获得电子。但水电离的H^+浓度太小了，所以没有自发性。

师：所以，大家在考虑这样的装置时，一定要认真对比物质的氧化还原性，不能忽略了溶液中的溶解氧和空气中的氧气。

简单变式　如图3-3、图3-4所示，将紧紧缠绕不同金属的铁钉放入培养皿中，再加入含有适量酚酞和NaCl的琼脂热溶液，冷却后形成琼胶（离子在琼胶内可以移动）。请问会有什么现象？请书写电极反应式。

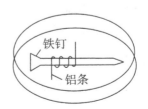

图3-3　缠绕铜丝的铁钉　　　　图3-4　缠绕铝条的铁钉

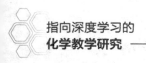

关键障碍：（1）如图3-3所示，在面对这个装置时，仍然有不少学生认为是食盐水中水电离的H^+氧化了铁，没有科学的氧化还原分析思维。学生没意识到即使将经典装置中的C换为Cu，一样是铁的吸氧腐蚀。（2）如图3-4所示，同样，再将经典装置中的C换成Al，很多学生不能将铁的吸氧腐蚀迁移到铝的吸氧腐蚀，不敢确认铁钉作为正极的身份，因为对于铝和铁的还原性掌握不够透彻。

复杂变式　如表3-3所示，某同学进行下列实验，请分析产生这些现象的原因，写出每个部位发生的电极反应或化学反应。

表3-3　关于吸氧腐蚀的实验探究

操作	现象
取一块打磨过的生铁片，在其表面滴1滴含酚酞和$K_3[Fe(CN)_6]$的食盐水 含酚酞和$K_3[Fe(CN)_6]$的食盐水 生铁片	放置一段时间后，生铁片上出现如图所示"斑痕"。其边缘处为红色，中心区域为蓝色，在两色环交界处出现铁锈 蓝色 红色

关键障碍：这是一个真实的情境，图像不是以经典装置的导线、电极材料、溶液的方式呈现出来，而且还出现了新物质。

模型应用：怎么能看出还是铁的吸氧腐蚀？无论装置的形状如何变化、有多少干扰离子，最强的氧化还原剂依然是铁和氧气。生铁片发生吸氧腐蚀，中心区域是负极为蓝色，是因为$Fe-2e^- == Fe^{2+}$，Fe^{2+}遇到$K_3[Fe(CN)_6]$呈现特征蓝色；边缘处是正极为红色，因为：$O_2+2H_2O+4e^- == 4OH^-$，酚酞遇到OH^-显红色；交界处，Fe^{2+}和OH^-相遇产生白色沉淀$Fe(OH)_2$，随后被氧化为$Fe(OH)_3$，最后变成红色铁锈。

这种真实却极为陌生的情境，对学生的氧化还原认知、问题解决模型的应用能力都挑战极大。经过这样装置的不断变形，学生对原电池中氧化还原反应有了更深入的理解，还能结合多变的环境来综合分析。学生心中其实已经建立了一个吸氧腐蚀的问题解决模型：自然条件下，最强的还原剂是最活泼的金属、最强的氧化剂是空气中的氧气→活泼金属失电子作负极反应物、氧气得电子作正极反应物→活泼金属同时作负极材料、其他金属作正极材料→写电极反应式、写总反应判断腐蚀产物。如果改变了自然条件，如酸雨环境下增加了溶液中H^+的浓度，根据浓度的不同，H^+可以优先作氧化剂或与O_2同时得电子发生正极反应。若溶液中混入了其他微粒，考虑问题的根源一样都是确定最强的氧化剂、还原剂。

（三）创新方式——实践探究、深度对话

《普通高中化学课程标准（2017年版）》着重强调分析和解决真实问题的思路。但我们在教学中看到一个典型现象，就是在老师一问一答的带领中，课堂非常活跃，感觉多数学生都懂，但是，给个真实情境，让学生独立分析，学生却常常不知道从何处下手，这是平时的教学方式出了问题。试问如果教师一直给学生简化的、虚拟的问题，学生如何能学会自己走？如何培养解决问题的能力？如何培养创新精神？因此，要培养学生独立思考的能力、教会学生掌握完整的认知模型，必须借助真实情境进行实践探究，给学生深度思考和对话的机会。

下面以生活中常用的几种干电池为例，将一个个真实的电池解剖，考验学生是否仍然能够还原原电池的四要素，并完整分析电池结构和工作原理。

探究活动：每四人小组物品清单：4个初步解剖的锌锰1号电池（A牌电池、B牌电池）、4把小刀、4双塑胶手套。请戴上手套轮流观察每个电池并讨论其工作原理，时间为10分钟，见表3-4。

学生开始都处于迷惑状态，不知道里面都是什么，更不知道怎么会产生电。渐渐地，用小刀挑开一些内部结构，发现有的中间有金属条、有的没有，有的中间有碳棒、有的没有，有的外面钢壳内有层金属锌、有的钢壳直接包住MnO₂，再细细解剖，有的有牛皮纸膜、有的有白色糊状物。一对比，就慢慢有了思路。

独立思考：可以从哪些角度来对比这些电池？请每人列出表格来阐述，时间为5分钟。

多数学生都尝试从电池四要素来对比分析，透过复杂的表象去看锌和MnO₂间的反应。

展示交流：请每个同学将自己的对比表格在小组内完整展示、讨论，然后综合修改。时间为10分钟。之后小组推荐发言人在全班展示。

学生综合讨论发现，A牌电池和B牌电池都有两种类似下表②③的结构，B牌电池还多了①这种结构，下面是学生做的比较完整的成果展示（以B牌电池为代表）。

表3-4 三种555电池对比（1号电池）[1][2]

电池	①B牌优质锌锰电池	②B牌碱性电池	③B牌高功率锌锰干电池
电池解剖图			
负极反应物和材料	在电池四周，直接用一个锌筒作负极	在电池中心，用潮湿糊状电解质（KOH）混合锌粉，然后用金属丝连接到底部的金属片作负极	在电池四周，直接用一个锌筒作负极

---

① 苏永庆，王宇飞，江立，周文平.废干电池湿法综合回收工艺［J］.有色金属（冶炼部分），2000（1）：15-17.

② 陈献宇.碱性锌锰电池的工作原理及研究进展［J］.湖南有色金属，2001（11）：37-39.

续 表

电池	①B牌优质锌锰电池	②B牌碱性电池	③B牌高功率锌锰干电池
正极反应物和材料	在电池中部，用石墨棒连接顶部的正极金属片和电池内部的白色糊状物（MnO_2、NH_4Cl、C）	在电池外层，潮湿的黑色糊状物（MnO_2）直接接触顶部的正极金属片	在电池中心，用石墨棒连接顶部的正极金属片和电池内部的黑色糊状物（MnO_2）
交换膜	锌筒和白色糊状物间有一层电解质溶液隔离纸（NH_4Cl、$ZnCl_2$）	内部锌泥与外部潮湿黑色泥状物（MnO_2）间有完整的三层纸膜	内部黑色粉末（MnO_2）与锌筒间有完整的厚实的纸膜
外壳	铁皮外壳，与锌筒之间用塑料薄膜隔开	铁皮外壳	铁皮外壳，与锌筒之间用塑料薄膜隔开

学生还发现，这三种新解剖的电池经过半个月的放置之后，①电池金属明显腐蚀严重、外壳发生溶胀，②稍有腐蚀，③电池基本没有变化。再结合前面观察到①内有白色糊状物，由此判断出①为酸性锌锰干电池。①的价格大约是另外两种电池的1/3，电池寿命也短很多。估计这也是A牌电池没有这个品种的原因。说明②③是目前常用锌锰电池的两种基本结构，也说明碱性电池更普遍。

另外，学生查阅资料发现，电池工艺的改造、电池寿命的延长，主要包含以下工艺：密封圈材料的工艺、抗高温材料的使用、提高电解液的纯度以防爆炸、防漏液技术、电镀防生锈技术、无汞环保因素。[①]虽然多数具体的工艺还无法理解，但通过基本解剖与探讨，几种常见电池的电极反应原理还是能够被基本掌握的。这样真实情境下的实践活动也让学生深刻感受到，一个普通的化学反应是如何走向工业和大众生活，一点微小的工艺差别有可能会带来哪些影响。

---

① 陈献宇. 碱性锌锰电池的工作原理及研究进展［J］. 湖南有色金属，2001（11）：37-39.

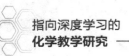
　　整个探究活动的流程是：看实物、动手解剖找异同→小组讨论观察对比的角度→各人自行绘制对比表格→小组交流，全班汇报工作原理→课外延伸学习。每个人都参与了展示和交流，在小组和全班形成学习共同体，展开深度对话。教师提问的数量大大减少，问题的属性由事实性知识指向认识思路。这样，核心的教学目标就不是落在电极反应式的书写上，而是落在对于学生系统分析思路的建立和应用上，落在学生自我内化问题解决模型上。

　　"唯有使知识和技能回到个人生活、社会生活和职业世界的具体情节中去探究与实践，方有素养的形成与发展。"①化学是最终要面向生产生活实际、面向社会未来发展的学科，因此化学知识的学习，要引导学生在真实的情境中实现知识的主动建构。

---

① 张华. 论核心素养的内涵［J］. 全球教育展望，2016（4）：10-24.

第四章

指向深度学习的教学问题设计

学习是通过不同性质和类型的问题解决来实现的，学生批判精神、创新能力的培养依赖于优质的教学问题及学生问题意识的培养、问题解决能力的培养。问题是教学的核心要素，问题设计是教师的根本智慧，问题意识的培养是创新人才培养的重要前提。但是，在当下教研目光都聚焦于学科教学目标的新提法、着力整合各类大单元框架时，很多人忽视了教学中这个基础性、根本性的问题，就是课堂教学中问题设计的质量，设计怎样的问题才能更好地引发学生的问题意识、实现创造性的问题解决？因此，需要切实研究科学学科教学中的问题意识与问题设计。

第一节　科学学科教学中问题意识的价值

陶行知说："创造始于问题，有了问题才会思考，有了思考，才有解决问题的方法，才有找到独立思路的可能。"[1]一切发明创造都始于问题的发现，正如苏格拉底所言："问题是接生婆，它能帮助新思想的诞生。"[2]由此可见，问题既是创造的起点，又是创造的动力。问题来源于哪里？来源于人的思维，来源于具有问题意识的人。科学学科教学中的问题意识的价值，主要体现在以下三个方面。

一、实现学科教学目标的内在意向

爱因斯坦提出："提出问题比解决问题更重要。"[3]有些心理学家认为，科学上很多重大进展与发明创造，与其说是问题的解决者促成的，毋宁说是问题的寻求者促进的。[4]可见，在很多学者看来，在整个问题解决过程中，问题意识比问题解决更重要。其中，对问题的寻求，体现的是一种问题意识。科学发展的脉络与本质就是质疑、探索与创新，而问题意识的培养是达成批

---

[1] 顾明远，等.中外教育名家的教育智慧［M］.北京：石油工业出版社，2009.

[2] 同上。

[3] 同上。

[4] 克雷奇.心理学纲要［M］.北京：文化教育出版社，1981.

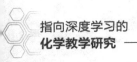

判精神、创新能力的必然途径、本质诉求，所以，问题意识是科学学科教学目标的内在意向。因此，义务教育科学课程标准要求"保持好奇心和探究热情，乐于探究和实践""不迷信权威，敢于大胆质疑，追求创新"。[①]

二、激发学生深度思考的动力源泉

在西方，苏格拉底的助产术，集中表现在他经常采用的"诘问式"的形式中，以师生共同谈话、共商问题、获得知识为特征。柏拉图师承苏格拉底，提倡通过问答形式，提出问题、揭露矛盾，然后进行解决。亚里士多德则提出"吾爱吾师，吾尤爱真理""思维从疑问和惊奇开始"[②]。在中国两千年前，孔子就要求自己和学生"每事问"[③]，认为"疑是思之始，学之端"[④]，他的学生子夏提出"博学而笃志，切问而近思，仁在其中矣"[⑤]，孟子提出"尽信书，则不如无书"[⑥]的读书存疑的主张。可见，中外教育家都提倡，问题意识是探索求知的动力源泉，它能激发学生的好奇心、想象力、求知欲，使学生成为学习的主人。

三、建立促进知识建构的行为心向

知识是抽象概括的，知识只有通过问题化设计，以丰富的问题情境为载体，才能充分挖掘其意义系统，发挥其教育功能，使学生在真实的问题解决中实现知识的深度理解、广泛关联，而这个理解与关联不是自发的，需要问

---

① 教育部. 义务教育科学课程标准（2022年修订）［S］. 北京：北京师范大学出版社，2022.

② 顾明远，等. 中外教育名家的教育智慧［M］. 北京：石油工业出版社，2009.

③ 孔子的弟子及再传弟子. 论语［M］. 北京：中国文联出版社，2016.

④ 同③。

⑤ 同③。

⑥ 孟子，万章，公孙丑，等. 孟子［M］. 北京：中国文联出版社，2016.

题意识的激发与调动，使学生在对比、归纳、迁移、想象等心理活动中逐步实现。因此，需要将问题意识的引发和培养作为核心素养培育的基本目标，作为问题情境创设、问题解决能力培养的前提，使之成为促进学生全身心投入，实现沉浸式学习和知识建构的行为心向，使学生从根本上杜绝记忆性、浅表性、机械重复训练式的学习。

问题意识的培养对于变革当下科学学科的学习方式、针对性地解决当下学生以做科学习题代替科学学习和科学实践探究的问题具有重要意义。因此，探索问题意识的培养、进行科学的问题设计是科学学科教学改进的重要课题。

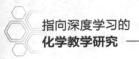
第二节　科学学科教学中问题意识的内涵诠释

问题意识是一种积极的心理品质，在科学学科教学中，这种品质的培养极为重要。但是，培养问题意识从何处入手呢？我们首先需要厘清问题意识的内涵，明晰问题意识与问题解决的内核关系，进而探析问题意识的培养路径。

一、问题意识的内涵

什么是问题？《教育大百科全书（第 H 卷）》定义问题是由已知情况（如对现状的描述）、目标状态（如对期待的描述）和一系列操作（如从一种状态到另一种状态的程序和规则）组成。[1]美国心理学家纽厄尔与西蒙提出，"问题是这样一种情境，个体想做某件事，但不能即刻知道做这件事所需要采取的一系列行动。"[2]据此，可以总结出科学教学中的问题应具有如下特征：①一定的意识性，即学生对问题的某个方面有一定的感知和解决的欲望；②答案或解决路径的不确定性，需要学生克服一定的障碍，经历一些思维挑战；③一定的解答基础，学生面对的问题与科学家不同，需要衔接一定的认知基础或者搭建适当的支架。

---

① 胡森，等.教学/教育大百科全书［M］.郭华，译.重庆：西南师范大学出版社，2011.
② 陈爱苾.课程改革与问题解决教学［M］.北京：首都师范大学出版社，2012.

关于问题意识的内涵，姚本先明确提出："在认识活动中，经常意识到一些难以解决的、疑惑的实际问题或理论问题，并产生一种怀疑、困惑、焦虑、探究的心理状态，这种心理又驱使个体积极思维，不断提出问题和解决问题，这种问题性心理品质称为问题意识。"[①]周小山等认为问题意识是指问题成为学生感知和思维的对象，从而在学生心里造成一种悬而未决但又必须解决的求知状态；关文信认为问题意识是指个体对问题能够敏锐感知，不断地提出问题和解决问题的心理品质。[②]

根据以上学者对问题和问题意识内涵的分析，本研究将问题意识界定为"一种对问题敏锐感知、善于质疑，并急于通过探索、存疑、求证、对比分析等行动解决问题的积极心理品质。"。其特征为：①问题意识表现为一种质疑的态度；②问题意识是一种思维品质，体现了思维的批判性、深刻性；③问题意识体现为一种较为持久的反思状态，一种对认知不平衡的持续对比和思考；④问题意识体现为一种强烈的解决问题、达到认识彼岸的欲望。

二、问题意识与问题解决

在分析问题意识要素之前，先参照国内外学者研究得更为广泛的问题解决这一概念。问题解决（problem solving）一词源于认知心理学范畴，安德森（Anderson，1985）将其定义为由一定情境引起的，按照一定的目标，应用各种认知活动、技能等，经过一系列思维操作，使问题得以解决的过程。[③]而针对问题意识与问题解决的关系，学界划分的标准不一。20世纪初，杜威

---

① 姚本先. 论学生问题意识的培养［J］. 教育研究，1995（10）：40-43.

② 房寿高，吴星. 到底什么是问题意识［J］. 上海教育科研，2006（1）：24-25.

③ Anderson，J. R.. Cognitive psychology and its implications（2nd ed.）［M］. New York：
   W. H. Freeman and Company，1985.

（Dewey，1910）提出了问题解决过程的五阶段模型：意识到困难的存在；鉴别出具体问题；搜集材料并对之整理，提出假设；演绎推理该假设；以实际行动验证假设。[①]到20世纪中后期，在现代认知心理学的基础上，基克（Gick，1986）又提出了问题解决的四阶段模型：理解和表征问题；寻求解答；尝试解决；评价。Beyer 和Liston（1996）则提出问题解决有六个阶段：确定问题；呈现问题；选择或发现解决问题的策略和计划；执行计划或尝试新策略；总结；查核结果。[②]

总之，杜威的观点是问题解决包含问题意识，但绝大多数学者认为问题解决并不包含问题意识，而是包含基本的理解和表征问题、制订方案、尝试解决、检验与评价四步。事实上，在当前教学实际情况下，学生常常没有选择问题的机会，是被动接受教师抛出的问题，甚至是练习，无论问题情境的真实度如何、问题的挑战性有多大，这些问题常常不是学生自主发现的，缺少了学生怀疑、提出问题的环节。因此，在问题解决之前，若能由学生自主产生怀疑、发现问题，并进行识别，无疑是更高级的思维表现。当然，若教师抛出的问题在解决过程中引发了学生的质疑，又提出了新的问题，然后加以解决，这个过程中学生就体现了问题意识。

因此，若要切实改变当前教学实际中学生被动接受问题、盲目解答习题、没有机会质疑问题的现状，应使问题发现涵盖问题解决的前中后各环节，它们共同构成问题意识的培养要素。

三、问题意识的培养

根据科学学科的特征，问题意识培养应包括发现问题、解决问题两个

---

① 杜威.我们怎样思维［M］.姜文闵，译.北京：人民教育出版社，1991.

② Beyer，L.E. &Liston，D.P.Curriculum in conflict：Social visions，educational agendas，and progressive school reform［M］. New York：Teachers College Press，1996.

环节。

一切问题的产生都源于问题的发现，发现问题是学习活动、问题解决活动的关键。发现问题源于一定的认知基础，源于对学习的深度投入，源于对自身认知的困惑、焦虑与急于探索的欲望，因为这种问题内生于学生自身的认知体系，其针对性和自发性更强，因此其解决探索的欲望必然比教师给出的问题更为强烈，解决之后的学习成就感、意义感也必然更加强烈。所以，发现问题是学生自主学习开启的标志，是学生能力提升的前奏。

发现问题包含存疑和明确问题，存疑意味着先有简单的质疑。比如，在初中物理关于浮力的教学中，学生质疑"为何小球能在浴盆里浮起来"，而这样一个质疑的念头却不能反映学生真正的问题是什么。学生真正的问题可能是"是因为球很小吗？""球的材料是什么？""球是否是空心的？"也可能是"水是热的吗？"还可能是"如果换作游泳池，还能浮起来吗？"存疑之后，若不能明确辨析问题，存疑就流于简单化，无法实现针对性的解决。

然后就是解决问题。分析问题意识的内涵，若只是发现了问题，但没进行问题解决的尝试，便不能视之为具有强烈的问题意识，学生的疑问也得不到解决和证实，学生提问的价值没有得到充分体现，久而久之，提问的兴趣就会大大降低。因此，发现问题固然重要，但是解决问题是对发现问题的最大奖励。同时，在问题解决的过程中又可以随时发现新的或衍生的问题，可以反过来证实、证伪或拓展之前发现的问题。

可以看出，在解决问题的过程中，仍然有发现问题的机会。但是，并不能因此将发现问题归入解决问题的过程，因为这样的理解会导致教师完全漠视布置作业或提出问题之前学生的主观能动性、忽视学生已经存在的问题，而另外自行布置学生可能并不欢迎、并不需要的问题，浪费了学生的时间，也抑制了学生的问题意识。

　　因此，如图4-1所示，问题意识培养包括发现问题、解决问题两个相互融合交织的部分，其内在构成要素决定了问题意识也有强弱之分。存疑、明确问题、解决问题中的任何一步难以做到，都是问题意识不强的表现。问题意识强的表现是学生在解决问题的过程中不断存疑、明确问题，体现学生是问题解决的主体，具有分析、评价、反思与调控的能力，在问题解决过程中调用了高级的元认知能力。所以，在机械的习题训练中，教师长期漠视这个完整过程的重要性，而经常代替学生来完成某个步骤，甚至是全过程，学生无法获得问题意识的体验和培养。

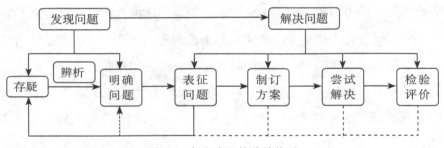

图4-1　问题意识培养结构图

第三节　科学学科教学中的问题设计

教师进行问题设计的关键是让学生能有机会体验整个问题意识获得的过程，在问题意识的完整、多次、持久体验中获得问题意识的培养，获得发现问题并解决问题的自觉性、效能感。在科学教学中，这种问题意识的培养，需要以问题为导向，以教师高质量的问题设计为前提。问题的来源、问题设计的支架四要素、问题设计的策略三个方面共同作用是保证高质量问题设计的前提，使学生能动地探究建构、经历高阶思维的基本过程、追求持久理解的效果以及对问题意识的持续引发。

一、科学问题的来源

具有学习价值的教学问题，其来源于三个方面，即课标内容与学业要求、实验生产生活实际或学科发展史、学生认知障碍。三个方面分别代表教学目标要求、化学知识的价值与意义、学生学习的实际困难与需求，能够指导问题解决的最终目标、问题设计的情境来源、问题的知识聚焦点与表达方式。比如《高中化学课程标准（2017年版2020年修订）》中有内容要求"结合真实情境中的应用实例或通过实验探究，了解氯、氮、硫及其重要化合物的主要性质，认识这些物质在生产中的应用和对生态环境的影响"。[1]相应学业要求有"能根据物质的性质分析实验室、生产、生活以及环境中的某些常见问题，说明妥善保存、合理使用化学品的常见方法"[2]。由此可以看出，课标特别重视学生对于学习科学之后的价值判断、在遇到真实的生产生活情境时的行动选择。但是，在现实教学中，教师反而忽视了这种教学价值的传递。那么选择什么样的真实情境能达到这一目标、又正好契合学生的认知障碍呢？以下是某课堂（课题是《84消毒液的性质及应用》）发生的一段对话。

师：同学们知道洁厕灵的成分与用途吗？

生：是浓盐酸，能杀菌、除污垢。

师：请问能将84消毒液与洁厕灵混用吗？

生1：能。（因为酸碱中和）

生2：不能。

师：现在，让我们在一个封闭体系中做个微型实验，将两滴洁厕灵滴入84消毒液中，大家观察有什么现象？

生：有黄绿色的气体产生。（是氯气）

师：再问一次，84消毒液与洁厕灵能混用吗？

生1：能，因为生成的氯气也能消毒。

生2：不能，因为氯气有毒，很危险。

师：到底能不能混用？

生3：不能，安全第一。仅用84消毒液就能消毒。

然而，在老师亲手做了84消毒液与洁厕灵混用冒氯气的实验后，仍然有

① 教育部.普通高中化学课程标准（2017年版2020年修订）［S］.北京：人民教育出版社，2020.
② 同上。

学生认为能混用。那么，生活中发生这样的惨剧就不奇怪了。由此可见，课堂中真问题的提出和解决显得多么可贵！教学的第一要务就是要让学生学会生活，这样的问题，将学生和普通公民在生活中遇到的困惑直接暴露出来加以解决。但是，在实践中发现，很多老师都讲过这个问题，但并没有结合生活中的实际情境，也没有给学生暴露认知障碍的过程，所以学生没有经历问题引发、自主解决的过程，这样重要的安全问题和价值判断并没有深刻地融入学生的认知结构，没有自然养成学生的基本素养。因此，有价值的科学问题一定要是三个方面充分融合的问题。

二、问题设计的支架

课堂问题区别于考试问题，考试问题需要学生独立思考来解决，整体考查大多数学生的平均水平，每个问题的设问方式与难度控制受限于考试功能的发挥，并且不需要活动设计。但课堂问题一定是针对当下此班学生的学情，应设置能使所有学生能力进阶的问题。因此，考试问题不能简单地拿来作为课堂教学问题，应进行综合设计才能发挥问题的教学功能。

根据科学知识的特征及问题意识引发的目标，提出问题设计的支架四要素，分别是知识选择、情境设置、问题结构、活动设计。

（一）知识选择

《布卢姆教育目标分类学（修订版）》将具体知识分类为：事实性知识、概念性知识、程序性知识、元认知知识。[①]事实性知识，是学习者在掌握某一学科或解决问题时必须知道的基本要素；概念性知识，是指一个整体结构中基本要素之间的关系；程序性知识，是"如何做事的知识"；元认知知识，

---

① 洛林·W. 安德森，等. 布卢姆教育目标分类学（修订版）［M］. 蒋小平，等，译. 上海：外语教学与研究出版社，2009.

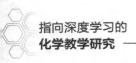

是关于一般的认知知识和自我认知的知识。[①]

　　根据这一在全世界广为认可的知识分类方法,科学教学中元认知知识的掌握是学习达到高境界的表现。事实性知识应是一般学生通过自我学习就能掌握的知识,事实性知识、概念性知识是程序性知识、元认知知识学习的基础,多项事实性知识的组合可能形成概念性知识,对概念性知识、程序性知识的评价、选择和综合应用可能形成元认知知识。因此,科学教学中的问题设计应该导向概念性知识、程序性知识的运用,最终是元认知知识的获得。

（二）情境设置

　　"唯有使知识和技能回到个人生活、社会生活和职业世界的具体情节中去探究与实践,方有素养的形成与发展。"[②]否则学生获得的知识,虽然在课堂、应试等结构简单的问题中有效,却难以在其他复杂的、不可预测的生活情境中灵活地迁移与运用,难以对学生的情感和科学精神起到激励作用[③]。素养是运用知识、技能与态度解决不可预测情境的高级能力,培养学生创造性地独立解决问题的能力。[④]因此,科学教学中的问题一定是以真实情境为载体的问题,情境应来源于科学与社会、生产、生活、环境的关系,一般分为生产生活情境、实验探究情境、化学史料情境和学术探索情境,这既是科学学习最好的载体,也是科学学习最终的价值归宿。问题的情境化设计,可以形成丰富的知识应用变式,引发对知识的深度理解、本质理解,实现对

---

① 盛群力,褚献华.布卢姆认知目标分类修订的二维框架［J］.课程·教材·教法,2004
　　（9）：90–97.

② 张华.论核心素养的内涵［J］.全球教育展望,2016（4）：10–24.

③ 张良.论素养本位的知识教学:从"惰性知识"到"有活力的知识"［J］.课程·教材·教法,2018（3）：50–55.

④ 程俊."惰性教学"向"素养性教学"的转变:以选修阶段化学反应速率的教学为例
　　［J］.中学化学教学参考,2019（10）：13–16.

知识的广泛迁移。

问题中的情境一般分为无情境或虚假情境型、单一情境型（单一熟悉型、单一陌生型）、综合情境型（综合熟悉型、综合陌生型）。综合性越强、陌生度越高，问题的创新性和问题解决的难度越大。

（三）问题结构

依据结构性的不同，乔纳森将问题分为良构问题（Well-structured）和劣构问题（ill-structured）。良构问题一般是指已知条件规范、明确，有可知的、可理解的解决方法，有正确、统一的答案，且有一套完整的解决问题的方法或规则；而劣构问题目标界定含糊不清，具有多种解决方法、途径或根本不存在解决方法，没有公认的解决方法。[①]很显然，培养学生问题意识，需要的是劣构问题，劣构问题的开放性与不确定性能给学生发现问题的空间和机会，并且不同的学生可能有不同的疑问、不同的解决方案。将问题嵌入真实的任务情境之中，并调整其问题解答的不确定或多样性，是设计劣构问题的好方法。但是，科学课堂教学中的问题解决与科学家或者现实生活中的问题解决又有所不同，因为课堂教学中的问题解决受制于学生当下的认知水平，而且其能力的培养不必一蹴而就，可以随着年龄与认知的增长而逐步进阶。因此，问题设计的劣构程度应该认真斟酌。教师可以通过调节问题解决的探究性和创新性、答案的开放性来调节问题的适构性，让学生在适构性问题的解决中充分调用相关知识，建立已有认知与新知识之间的桥梁，实现同化与顺应。

（四）活动设计

苏霍姆林斯基说："当知识与积极的活动紧密联系在一起的时候，学习

---

① David H. Jonassen. Instruction Desian Models for well-structured and ill-structured problem solving learning outcomes［M］. Education Technology Research & Development，1997.

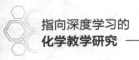

才能成为孩子们精神生活的一部分。"①杜威认为"教学应从学生的经验和活动出发，使学生在游戏和工作中，采用与儿童和青年在校外从事的活动类似的活动形式"。②活动教学思想强调学生应是学习参与的主体，不再是被动的听众，甚至旁观者，而是主动的参与者与操作者，在与自然、社会情境的交互作用中真正地认识自我、找到自我、觉醒自我，并提升自我。这种自我感的实现，需要通过活动建立起知识与学生自我的联结，要从知识回归到学生自我③，使学生在知行合一的理论与实践结合中充分学习、全面学习、沉浸式学习。

活动设计的目的是帮助学生明确必要的学习活动方式、经历与过程。当然，并非所有的问题都要进行活动设计，主要是针对课堂承载重要认知思路与方法、发展核心素养的关键问题，如概念的建立与同化、规律的理解与应用、物质性质的预测与检验等。活动设计的目的，一是给更多学生思考参与的机会；二是在探究质疑与相互启发中发展对知识的深度理解与关联，提升关键能力；三是达成学生自我评价与认知调控。活动方式主要包括独立思考、设计探究、研讨评价等。

我们将上述支架的四个要素建构成如图4-2所示的模型。四个要素中，知识选择、情境设置、问题结构决定着问题的难易程度、思维能力培养的层级、认知迁移的远近，但是活动设计决定着学生参与和投入的方式、评价与反思的深度、情感体验与感悟的程度。四个要素形成合力，达成素养培育的目标。

---

① 苏霍姆林斯基.苏霍姆林斯基选集（第2卷）［M］.北京：教育科学出版社，2007.

② 杜威.杜威教育文集（第2卷）［M］.北京：人民教育出版社，2008.

③ 郭元祥.深度教学：促进学生素养发展的教学变革［M］.福州：福建教育出版社，2021.

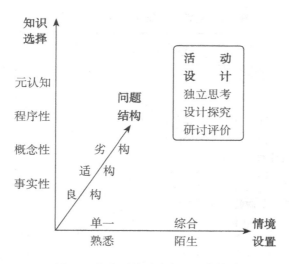

图4-2　问题设计的支架四要素模型

三、问题设计的策略

问题设计的策略是指设计出高质量教学问题的方案、方法与路径组合，包括选定教材单元知识点、寻找并确定问题的来源要素，然后逐项确定支架四要素的层级，探索出问题层级进阶的序列，并在序列中选择问题组来开展教学。

以高中化学选择性必修课程内容"化学反应速率的测定"教学为例，按照问题三个来源融合的原则，选择的知识点应该是"学会用多种方法测定真实化学反应的速率"，选择的真实情境来源于化学实验或生产生活，学生的认知障碍是：在非溶液、非混合气体或混合状态体系中，不知如何设计和选择可供计算的物理变量。问题设计支架四要素的层次应帮助精准突破这一认知障碍。问题设计支架四要素进阶案例如表4-1所示。

表4-1　问题设计支架四要素进阶案例

问题层级进阶序列	支架四要素			
	知识选择	情境设置	问题结构	活动设计
A.反应4A（s）+3B（g）===2C(g)+D（g），经2min，B的浓度减少0.6 mol·L⁻¹，请计算该反应的化学反应速率	计算（事实性）	虚假情境	良构	无
B.在锥形瓶内盛有一定质量的锌粒，加入足量稀硫酸，10 s时恰好收集到标况下44.8 mL的H_2，请计算该反应的速率	计算（事实性）	单一真实	良构	无
C.在锥形瓶内盛6.5g锌粒，加入40mL2.5mol·L⁻¹的硫酸，10 s时恰好收集到标况下44.8mL的H_2。请计算该反应的速率（忽略锥形瓶溶液体积的变化）	计算（程序性、概念性）	单一真实	适构	无
D.针对Zn与稀硫酸的反应，若要测定该反应的速率，应该如何设计实验？需要测定哪些物理量？	测定、计算（元认知）	综合真实	劣构	独立思考、自由回答
E.高温下金属镁能在氧气中进行氧化反应，若要测定其氧化腐蚀的速率，应该如何设计实验？需要测定哪些物理量？活动要求：①独立思考（3分钟）；②小组研讨、记录汇总方案（3分钟）；③小组展示成果（2分钟）；④组间互相评价（2分钟）；⑤个人反思并总结（1分钟）	测定、计算（元认知）	陌生真实	劣构	独立思考、小组研讨、评价与内化

　　由此可见，A、B两种问题以浅层的事实性知识为教学目标，采用的是虚假或单一真实情境，没有设问的价值；C、D、E以程序性、概念性知识，甚至是元认知知识为教学目标，问题情境真实，答案具有一定的开放性，会给不同的学生带来不同的学习体验与收获，能引发认知冲突与重组、引发新问题，其中C可以根据课堂设问层次及学生发展的需要、补充进行活动设计；D、E因为情境的综合性、真实性，问题结构的劣构性，能引发合作探

究与高阶思维。但是每个问题应何时使用，选择哪几个问题组合使用，要根据学生实际进行综合判断。只有以引发问题意识、提高问题解决能力为目的的高质量问题设计，才能彰显科学教育的价值，才能助力于创新能力的培养。

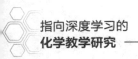
第四节　科学学科教学中的问题设计评价

关于问题设计的评价，可以有很多方面，比如对问题本身的评价，包含问题的科学性、继承性、层次性、可行性等，对问题设计的评价包含目标、方法、类型、问题活动的设计等，但是太全面而泛化的评价反而会消解对问题意识培养等核心目标的关注，因此，提倡评价聚焦于问题的价值功能。特纳在1973年完成的研究中指出，课堂提问具有12种功能，例如，刺激学生向自己或他人提出问题、诊断妨碍学生学习的特殊困难、为学生同化和反省信息提供机会等。[1]美国教学论专家L. H. 克拉克和I. S. 斯塔尔则认为课堂提问的功能有19种，例如，发展思维能力、联系表达思想、用以评价教学等。[2]也有国内研究者指出课堂提问功能有11种，例如，可以吸引学生注意力、检查学生掌握情况、使学生参与讨论等。[3]由此可见，课堂问题设计的功能价值非常重要，诉求也非常多。那么作为问题设计的评价指标，最重要的应该是什么？评价的出发点在哪里？答案应是针对当下的课堂教学弊病，并驱动学生深度思考进而实现迁移创新解决新问题。

---

[1] Edited by E.C.Wragg.Classroom Teaching Skill［M］.Nichols Publishing Company，1984.

[2] L. H. 克拉克，I. S. 斯塔尔.中学教学法（下）［M］.北京：人民教育出版社，1985.

[3] 宋振韶，张西超.课堂提问的模式、功能及其实施途径［J］.教育科学研究，2004（1）：34-37.

由此，本研究提出科学教学问题设计的两类六个综合评价标准。

一、问题设计的综合评价标准

一是从关注学习过程角度，提出问题的激发性标准，具体表现为问题的探索兴趣激发、认知冲突激发与发展情感激发。问题的认知进阶设计或情境设计能激发学生学习的兴趣，这是学生投入解决问题的前提。同时，如果一节课提出的问题都被顺利解决，学生没有遇到任何障碍，那么这节课的问题设计就是无意义的认知。冲突激发表现为问题的提出能引发学生感知到或暴露出应有的思维障碍，引发提出新的问题，使学习可见，引发反思与重构，使发展得以表现。[①]这也是问题意识得以发展的表现。最后，学生在不断发现问题、提出问题、解决问题的过程中深刻体验到科学探究的乐趣与价值，激发科学学习的兴趣与社会责任感，获得学习的意义感。进行这种评价需要借助于课堂观察、学生访谈等手段。

二是从关注学习效果的角度，提出问题的驱动性标准，具体表现为对认知结构化的驱动、对高阶思维的驱动、对创新能力的驱动，进而形成持久的理解力，这是学习的成就感和效能感。对这种驱动性的评价，可以以SOLO分类的层次作为工具。

二、基于SOLO分类理论的问题评价

在国内外，SOLO分类理论常常被作为问题设计与解答的评价工具。

皮亚杰认为儿童的认知发展要依次经历感知运动阶段、前运算阶段、具体运算阶段和形式运思阶段。彼格斯等人却发现学生在回答学科问题时的表现并不符合皮亚杰提出的认知发展阶段理论，出现太多的"异变"现象，而

---

① 麦裕华，肖信. 国内中学化学教育应用SOLO分类理论的研究进展：2006—2014 [J]. 化学教育，2016（7）：6-12.

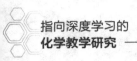
且他们认为皮亚杰所提出的个人一般的认知结构是一个纯理论性的概念，是不可检测的。①

在吸收认知发展阶段理论核心思想的基础上，彼格斯等人根据学生思维方式的性质和抽象程度，认为个体认知发展的功能方式可依次分为感觉运动方式、形象方式、具体符号方式、形式方式、后形式方式这5种方式。②各种功能方式能够产生某种相应的知识类型，它们分别是隐性知识、直觉知识、陈述性知识、理论知识、层次更高和抽象性更强的理论知识③。彼格斯等人同时认为，学生回答学科问题时表现出的回答结构（Structure of Responses）是可以观察的学习结果结构，是可以检测的。根据从简单到复杂、从量变到质变的递进发展关系，学生的回答结构可以分为五个层次，各个层次及其表现如下④：①前结构层次：学生基本上无法理解问题，逻辑混乱。②单点结构层次：学生只能涉及单一的问题要点，找到一个解决问题的线索就立即跳到结论上去。③多点结构层次：学生能涉及多个问题要点，但这些要点是相互孤立的。④关联结构层次：学生能够联想问题的多个要点，并能将其联系整合成一个连贯一致的整体。⑤拓展抽象结构层次：学生能够进行抽象概括，从理论的高度分析问题，而且能够深化问题，使问题本身的意义得到拓展。前一个层次是后一个层次的基础。通过能力（特指工作记忆容量或注意广度）、思维操作、一致性与收敛、回答结构这4个维度，可以判断学生对学科

① 麦裕华，肖信.国内中学化学教育应用SOLO分类理论的研究进展：2006—2014［J］.化学教育，2016（7）：6–12.

② 同上。

③ 吴有昌，高凌飚.SOLO分类法在教学评价中的应用［J］.华南师范大学学报（社会科学版），2008（3）：95–99.

④ 彼格斯，科利斯.学习质量评价：SOLO分类理论（可观察的学习成果结构）［M］.高凌飚，张洪岩，译.北京：人民教育出版社，2012.

问题的回答处于哪一个层次。[①]每种功能方式均存在着这5种SOLO层次，某种功能方式下的抽象扩展结构层次相当于更高级功能方式的前结构层次。[②③]因此，各种功能方式和SOLO层次共同组成一个螺旋式上升的认知发展阶段体系，不仅学生总体的认知发展具有阶段性，学生对具体问题的认识发展也具有阶段性。

在深度学习的课堂中，主要解决的应该不是前三种结构的基础知识储备，而是关于关联结构、抽象拓展层次知识体系的建立，或者是因为达不到这两个层次而引起对整个学习从基础到能力的反思。这个才是课堂教学中教师存在的意义。因此，深度学习的课堂就是要在建构主义理论的指导下，设计能从多点结构发展到关联结构、抽象拓展层次的问题情境，引导师生、生生之间的互动与交流，在协作中实现共同进步。

下面以"选择性必修《化学反应原理》中影响化学反应速率的因素之'浓度对反应速率的影响'"为例，进行问题的层层设计。

问题情境　取两支试管，各加入4mL 0.01mol/L $KMnO_4$酸性溶液，然后向两支试管中分别加入2mL 0.1mol/L草酸溶液（Ⅰ）、2mL 0.2mol/L草酸溶液（Ⅱ），记录溶液褪色所需要的时间。若实验Ⅱ的褪色时间为0.2min，请计算该反应的化学反应速率。

设计意图：这个问题一抛出来，学生中将会出现4种答案。"不知道先选择草酸还是$KMnO_4$来计算速率"暴露的是他们对于"知道少量与过量的影

① 彼格斯，科利斯.学习质量评价：SOLO分类理论（可观察的学习成果结构）［M］.高凌飚，张洪岩，译.北京：人民教育出版社，2012.

② 吴有昌，高凌飚.SOLO分类法在教学评价中的应用［J］.华南师范大学学报（社会科学版），2008（3）：95-99.

③ 蔡永红.SOLO分类理论及其在教学中的应用［J］.教师教育研究，2006，18（1）：34-40.

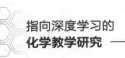

响"认识的不足；"选择哪些数据来计算速率"将暴露他们对于"理解溶液混合浓度会变化"认识的肤浅。只有将各个知识点都能理解透彻，并关联应用，才能完美解决这个问题。

问题巩固　把下列4种X溶液分别加入4个盛有10mL 2 mol·L^{-1}盐酸的烧杯中，均加水稀释到50mL，此时，X和盐酸缓慢地进行反应，其中反应最快的是（　　）

A. 20mL 3mol·L^{-1}的X溶液

B. 30mL 2mol·L^{-1}的X溶液

C. 10mL 4mol·L^{-1}的X溶液

D. 10mL 2mol·L^{-1}的X溶液

问题变式　把同样的上述4种X溶液分别加入4个盛有10mL 2mol·L^{-1}盐酸的烧杯中，此时，X和盐酸缓慢地进行反应，其中反应最快的是（　　）

设计意图：因为溶液混合浓度会变化是这个课题的重难点、学生易错点，通过"问题巩固"和"问题变式"，让资优生真正明白混合溶液中浓度的含义，学会在变化中看到本质。

实验反思　到此，我们再来研究书本上这个实验的设计，要保证两种溶液中$KMnO_4$的浓度相同，只有草酸的浓度不同，要满足什么条件？

设计意图：学生要有意识地思考，两试管溶液的体积为何也要相同？如何保证混合之后$KMnO_4$的新浓度仍然保持相同？这里要渗透的是控制变量的思想。

实验设计　那么，现在再请同学们设计一组实验，证明增大反应物的浓度能加快反应速率。待选药品：$Na_2S_2O_3$固体、3mol/LH_2SO_4、蒸馏水。

设计意图：针对这个实验设计，学生中有可能会出现多种对话，如：选择$Na_2S_2O_3$固体还是溶液更好？是让$Na_2S_2O_3$过量还是H_2SO_4过量？选择哪种试剂的浓度作为变量？蒸馏水如何使用以保证不变量的恒定？

这是使学生从关联结构水平过渡到抽象拓展结构水平的重要一步，又会考验学生对问题的深入理解，浓度如何影响速率？控制变量思想、方法如何在实践中应用？只有真实用过、悟过才会有所触动，原有的零散的多点结构才会被破坏和重构。

在这个问题链中，关于SOLO分类评价五种结构内涵关系如表4-2所示。

表4-2　关于SOLO分类评价五种结构内涵关系表

多点结构（一般起点）	关联结构	拓展抽象结构（理想目标）
①知道浓度越大速率越快 ②明白方程式中各物质速率成正比 ③能通过浓度变化求速率 ④理解溶液混合浓度会变化 ⑤知道少量与过量的影响	能将①②③④⑤综合考虑，选择需要的素材解决问题	能进行各类体系、各种状态物质的速率比较和计算 能用变量控制思想设计各类速率比较的对比实验

基于以上SOLO分类评价五种结构，以上层层递进的问题，能顺利实现学生认知层级的逐步提升，实现认知迁移与重组。

三、案例：实验教学中的问题设计——以必修阶段的化学实验教学为例

《教育部关于加强和改进中小学实验教学的意见》（教基〔2019〕16号）指出："实验教学是国家课程方案和课程标准规定的重要教学内容，是培养创新人才的重要途径。全面贯彻党的教育方针，落实立德树人根本任务，发展素质教育，努力构建与德智体美劳全面培养的教育体系相适应、与课程标准要求相统一的实验教学体系。夯实基础，开齐开足开好国家课程标准规定实验，切实扭转忽视实验教学的倾向；拓展创新，不断将科技前沿知识和最新技术成果融入实验教学，丰富内容，改进方式；注重实效，强化学生实践操作、情境体验、探索求知、亲身感悟和创新创造，着力提升学生的观察能力、动手实践能力、创造性思维能力和团队合作能力，培育学生的兴趣爱好、创新精神、科学素养和意志品质。"

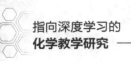
化学是以实验为基础的学科，化学实验是化学教学的重要基础、内容和方法，是学生最乐于主动参与的学习方式，能够让学生在各种器官的协调运作下自主地完成一段学习过程。化学实验教学是培养学生科学素养的重要途径。

在具体的实践中，化学实验教学目标的构建还缺乏科学性、系统性，导致实验教学效能被弱化。为了探索解决新课程实施过程中核心素养目标的虚化和实验教学的困境，笔者试图全面把握人教版整套中学化学新教材体系，根据新课程改革前沿的实践，选择必修教材中具有代表意义的4个实验为案例，阐述实验教学中核心素养的培养方法与实施策略。

（一）必修实验教学中的核心素养目标

在《普通高中化学课程标准（2017年版）》中，以化学学科核心素养及其表现水平为主要维度，结合课程内容，对学生学习化学实验的学业成就表现有四个等级。分别为：

"1-3能依据化学问题解决的需要，选择常见的实验仪器、装置及试剂，完成简单的物质性质、物质制备、物质检验等实验；能与同伴合作进行实验探究，如实观察、记录实验现象，能根据实验现象形成初步结论。

"2-3能通过实验探究物质的性质和变化规律，能提出有意义的实验探究问题，根据已有经验和资料作出预测和假设，能设计简单实验方案，能运用适当的方法控制反应条件并顺利完成实验；能收集和表述实验证据，基于实验事实得出结论。

"3-3能根据解决问题的需要提出实验探究课题；能设计实验方案探究物质和能量的转化、影响反应速率和化学平衡的因素、有机化合物的主要性质等；能选择合适的实验试剂和仪器装置，控制实验条件，安全、顺利地完成实验；能收集并用数据、图表等多种方式描述实验证据，能基于现象和数据进行分析推理得出合理结论。

"4-3能列举测定物质组成和结构的实验方法，能根据仪器分析的数据或图表推测简单物质的组成和结构；能在复杂的化学问题情境中提出有价值的实验探究课题，能设计有关物质转化、分离提纯、性质应用等的综合实验方案；能运用控制变量方法探究并确定合适的反应条件，安全、顺利地完成实验；能用数据、图表、符号等描述实验证据并据此进行分析推理形成结论；能对实验方案、实验过程和实验结论进行评价，提出进一步探究的设想。"

其中2–3是高中毕业生在化学学科实验学习中应该达到的合格要求，是化学学业水平合格性考试实验问题的命题依据，4–3是化学学业水平等级性考试实验问题的命题依据。

新课程必修实验教学中的目标应服从于新课程标准所要求的高中化学教学目标。结合化学实验教学的功能，将必修实验教学中的学业质量标准分类如下：

"1.1经历实验探究的一般过程，如从理论或实验中发现并提出问题→猜想与假设→设计实验探究方案→进行实验→采集现象、数据与结果→交流、评价与总结反思等。

"1.2学习化学实验研究的一般方法，如实验方案的设计方法、现象与数据的表达方法、实验条件的控制方法、实验仪器装置试剂的方法、各种实验基本操作方法等。

"1.3对实验数据现象等信息的加工方法，如比较、分类、归纳、概括等。"

预设必修阶段实验教学的目标，既要立足于当下的认知水平，又要眼光长远，为学生进阶到选择性必修课程打下一定的基础。

（二）典型实验的学业质量水平目标的建构与实施案例

每一个实验教学目标的设定都应从教学的整体出发。设定一个实验教学对象后，首先要明确它在整套教材，甚至整个中学化学教学阶段的地位和功能，明确学生已有的基础，预计该实验教学将为今后哪一步打下基础。将每

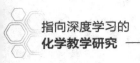

一个个案放在整体中进行规划，那么经过一个阶段之后，整体的目标结构就是系统的、科学发展的。在具体的活动中，学生做实验并不是最终的目的，真正的目的是体验到以上目标中所述的一般探究过程，应用了一般研究方法，所以，应该精选值得探究的点，将学生的兴趣、时间、思维都集中到相关实验活动中，通过一定的参与方式保障活动有效地实施。

典型模式1 实验 配制100mL1.00mol/LNaCl溶液。

地位：高中化学第一个定量实验。

基础：初中化学配制50g质量分数为6%的NaCl溶液。

目标：应用比较方法；学会选择定量实验仪器，理解实验方案，评价实验操作对量的影响，会分析实验误差来源。

活动过程：依次设计下列3个问题来引导学生参与讨论与评价。

（1）请大家回顾初中化学"配制50g质量分数为6%的NaCl溶液"实验，根据定量实验的特点和该实验的目的，思考可以从哪些方面保证获得体积、浓度都精确的NaCl溶液。

学生分析可得出：①仪器的精确度要高，精确到0.01，如选择电子天平、容量瓶；②操作顺序合理，溶质不能损失；③操作规范。

（2）针对基础好的学生：请认真分析物质的量浓度这个概念，设计实验操作步骤，看如何用容量瓶配制100mL1.00mol/LNaCl溶液？

针对基础薄弱的学生：阅读课本中的实验操作顺序，评价一下，这些操作合理吗？目的分别是什么？

学生的讨论集中在为何要"洗涤""振荡"，这刚好是教学的重点。

（3）每人挑两个不好把握的操作，试一下，看怎样才是规范的，并请几个同学讲一讲。

其中，"移液""振荡""定容"和"摇匀"是大多数同学关注的操作，大家一起通过语言和示范将规范操作方法讲得很好。

该模式适用于定量、半定量实验，如必修2的"中和热的测定"、选修4

的"中和热的测定""中和滴定"。做定量实验应该认识到操作是为目的服务的,操作的准确性是学生自主体验到的目的的需要,而不应该先抛给学生一大堆的仪器和操作规范,然后开始讲实验,这样硬塞给学生就失去了实验探究的乐趣。

该模式同样适用于学习基本操作的实验,如必修的"实验室制取蒸馏水""萃取水中的碘""焰色反应",选修的"工业乙醇的蒸馏""苯甲酸的重结晶",都是围绕目的探究操作的顺序和规范。以"萃取玫瑰中的精油"为例,可以先设置问题情境:"玫瑰精油是现代女性钟情的保健品,它萃取自新鲜花瓣,大约5吨重的花朵只能提炼出两磅的玫瑰精油,所以是世界上最贵的精油之一。我们能想办法把它提取出来吗?"目的简单明确,学生很容易就想到"捣碎花瓣→榨汁→过滤→萃取→分液→蒸馏",然后再把它类比到萃取碘的实验。

典型模式2 必修实验 Na与O_2、H_2O的反应。

地位:高中化学第一个具有多角度现象的元素化合物性质实验。

基础:初中化学的元素化合物性质实验、蜡烛的燃烧实验探究。

目标:学会从多种角度有序地观察实验现象并能准确地用语言描述,掌握通过现象归纳分析物质性质的方法。

活动过程:依次设计下列3个问题来引导学生观察与分析。

(1)按照书本操作,取出并切好一块钠,放在坩埚中加热,你能观察到哪些现象?

包括的角度:钠所处的环境;切块时的感觉;钠块切面的颜色、光泽及变化;钠块在加热前后的变化;产物的颜色、状态。但是大多数学生开始只能描述出少部分。

(2)当实验现象非常丰富时,要怎样观察才能保证不遗漏?

按一定的时间顺序(反应前、反应中、反应后的现象)和空间顺序(从下到上、从左到右、由表及里)进行有序观察,注意观察的有序性,同时运

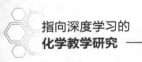

用比较的方法对实验现象进行描述。^①

（3）以上现象分别说明什么问题？钠具有哪些化学性质？

比较、分析、归纳钠的物理（硬度、熔点、密度、光泽、导热性）与化学性质（还原性及其强弱）。

在 Na 与 H_2O 的反应中，以上方法还可以进一步得到训练和丰富，因为除了观察的有序性，这个实验中还包含着对物质运动方式、声音及能量的释放的感受与观察，还有反应后生成产物的猜测（NaOH 与 H_2）与检验。需要进一步总结实验观察的角度，即动用除口以外的一切器官，从反应前的准备、观察，到反应中的色、态、声、动、热，到反应后产物的性质及检验等。

该模式适用于几乎所有的元素化合物性质实验，只是不同的实验侧重点不同，必修1"铝的加热熔化""铝与酸碱的反应""Fe^{2+}、Fe^{3+} 与 NaOH 的反应"等实验现象比较简单，侧重于通过现象比较、分析与归纳物质的性质；"浓硫酸与铜的反应"、"氨气溶于水的喷泉实验"、必修2"甲烷的取代反应"、"乙醇与金属钠的反应"等实验像上述"Na 与 H_2O 反应"实验一样，是综合培养观察能力与归纳分析能力的实验。

典型模式3 必修科学探究 铁粉与水蒸气反应装置的设计。

地位：高中化学第一个对实验装置进行设计与组装的实验探究。

基础：初中化学 O_2、CO_2 的制备实验装置。

目标：理解物质性质与制备实验装置的基本构成，并能将其应用到具体实验中，能评价实验装置设计的优劣，并通过实验比较验证评价是否合理，最后分析概括，选择最优组合。

活动过程：依次设计下列5个问题来引导学生设计与评价。

（1）回顾初中化学 O_2、CO_2 的制备实验，思考铁粉与水蒸气反应应包含

---

① 顾明远，等.中外教育名家的教育智慧［M］.北京：石油工业出版社，2009.

哪几部分基本装置？

学生可以概括出三部分：反应物的发生或进入装置、反应装置、产物的收集或检验装置。

（2）具体到该实验，每一部分可以如何设计呢？

学生设计出多种方法：①水蒸气的发生装置：A_1用试管或烧瓶装水加热制备水蒸气；A_2用一团吸收了水的棉花放在装有铁粉的硬质玻璃管中；A_3用加热后可分解出较多水的物质放在装有铁粉的硬质玻璃管中（如$Na_2CO_3 \cdot 10H_2O$）。②铁粉与水蒸气的反应装置：B_1将水蒸气通入装有铁粉的硬质玻璃管反应；B_2水蒸气就在装有铁粉的硬质玻璃管中产生，并反应。③产物的收集与检验装置：C_1排水法收集H_2看是否可以点燃；C_2把H_2通入肥皂液，产生氢气泡，看是否可以点燃；C_3将生成的固体用磁铁检验。

（3）请大家评价一下，以上装置都合理吗？你准备用哪种组合？为什么？

评价时，不同的学生选择的标准是不同的，如有的侧重于要有明显现象，选择A_2–B_2–C_2；有的侧重于要简单快捷，选择A_2–B_2–C_2；有的直接否定了一些认为不合理的方案，如A_3，认为会浪费药品，且造成副反应；如C_3，如果铁粉没反应，或反应生成Fe_3O_4，都会被磁铁吸引，无法证明反应发生了。

（4）大家以上评论都很好，但是唯一的裁判是实验，请大家分组动手组装你选择的装置，并进行实验，然后向大家汇报情况。

部分情况如下：①选择A_1–B_1–C_1：反应很顺利，但是排水法收集一试管H_2很难，估计是药品量不够，后来，他们放弃C_1，改用C_2，现象证明的确生成了H_2。②选择A_2–B_2–C_2：少数的小组成功了，现象证明的确生成了H_2。但是多数小组没有控制好棉花中水的含量，偏多或偏少都不好，有的小组先加热了铁粉，后加热棉花，也导致实验失败。

（5）通过实践，大家发现设计一套实验方案并不难，但要按照设计把实验做成功并不容易，请大家总结反思一下设计实验装置的方法。

学生总结反思，发现设计时要考虑到：实验室的基本条件，如仪器装

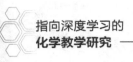

备、药品情况；该实验的基本条件，如反应物、生成物的状态与性质；实验时各种条件的控制，如操作的先后顺序、药品取用的量、温度的高低、反应时间的长短等。

该模式适用于之后所学的一般实验装置的设计，如必修1中NH_3等气体的制备实验装置、"NO_2尽可能溶于水"的实验装置。

该模式也适用于需要设计实验方案的实验，设计方案后进行讨论、验证和评价。如必修1"Cl^-的检验"方案设计、必修2"海水提溴实验方案设计""电池装置的设计探究"等。

典型模式4　必修实验　影响化学反应速率的条件实验。

地位：通过控制实验条件探究化学反应的原理与理论的重要实验。

基础：高中必修1离子反应发生的条件实验、必修2Cu–Zn原电池实验。

目标：掌握控制实验条件的方法，学会分析对比实验、探究实验变量对实验的影响，进而探究反应原理。

活动过程：依次设计下列3个问题来引导学生分析与归纳。

（1）请大家分析课本的两个实验，每个实验都有3组，这3组的实验条件与操作的异同点在哪里？实验的目的是什么？

学生可以发现，第一组是控制H_2O_2与$FeCl_3$溶液的浓度、体积，所装容器、产物检验方法都不变，只改变水浴的温度，所以是研究温度对反应速率的影响。第二组是控制H_2O_2溶液的浓度、体积，所装容器、温度都一样，只是分别使用不同的催化剂，或不使用催化剂，所以是研究催化剂对反应速率的影响。

（2）这教会了我们控制实验条件的一种方法，就是设计对比实验。下面，我请大家以盐酸与$CaCO_3$反应为例，设计实验探索不同的因素对反应速率的影响，并汇报设计方法。

汇报时，逐步引导学生用正确的方法。

目的：探索固体接触面积对反应速率的影响。

不变的量：盐酸的浓度（2mol/L）、体积（2mL）、容器（中试管）、所处温度（室温）、CaCO₃的质量（0.5g）。

唯一变量：CaCO₃的接触面积，分别用大理石块、颗粒、粉末。

这样，学生的思维清晰了，方法才能明确。

（3）请大家回顾总结一下，我们曾经做过的实验中哪些用到了对比实验的方法，实验中的变量和不变量分别是什么？这样做有什么意义？

我们可以发现，教材中很多实验都用到了对比方法。如探究Na_2CO_3与$NaHCO_3$的性质，都是将二者的颗粒与质量控制相等，同时滴入几滴水观察是否结晶；同时再加入10mL水，观察水溶性；同时加热对比热稳定性。探究氯水的漂白作用时，用干燥的氯气与潮湿的氯气做对比；探究Na_2SiO_3的防火性时，用Na_2SiO_3溶液浸泡过的滤纸条和蒸馏水浸泡过的滤纸条做对比，等等。

可以说，没有化学实验条件的控制，就没有化学实验科学，控制实验条件是化学实验的灵魂。[①]所以，会识别并应用控制实验条件的方法是化学素养的基本表现。这种方法在整个中学阶段的教材中不断出现，为我们培养能力提供了大量素材。该模式适用于通过控制实验条件探究化学反应的原理与理论的实验，如必修"化学反应的可逆性实验"、选修"影响化学反应速率的因素"、"浓度、温度对化学平衡的影响"、"盐类的水解平衡移动及影响因素"、选修"设计实验探究乙酸乙酯在酸性、中性、碱性及不同温度下的水解速率"、"溴乙烷在不同条件下的反应"等。

另外，必修教材中也有"科学探究并实验检验海带中存在碘元素"这种有化学工艺特征、来源于生活的多工序实验，虽然学生对它较为陌生，但是，其特征仍然包含在以上四类典型实验中。对于基础较弱的学生，可以按照模式1，围绕"如何证明海带中有I⁻存在"这个目的，根据海带的具体性状

① 梁慧姝，郑长龙. 化学实验论［M］. 南宁：广西教育出版社，1996.

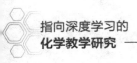
探讨实验操作的顺序及要求；对于实验思维能力比较强的学生，可以按照模式3，由学生自主设计实验方案，然后评价、实践、总结反思。学生在必修学习时已经具备了这样的基本实验能力，那么，在学习选修《实验化学》时，无论是物质的分离和提纯、物质的检验还是物质含量的测定等问题，都可以综合运用以上模式，特别是学会实验条件的控制方法，自主设计实验方案并进行验证和评价，提出新的研究问题。

（三）核心素养目标实践的成果乃动态生成

目标与问题的合理设置是成功的一半，而另一半在于课堂的控制。要很好地实践核心素养目标，要求教师创造主体自由的课堂氛围，根据化学课堂中的互动状态及时调整教学思路和行为，使教学对话深入持久地进行下去，使师生共同得到提高。

案例 必修科学探究 加热铝箔。

地位： 典型的元素化合物性质实验。

目标： 学会观察并正确表达实验现象，能透过现象比较分析物质的化学性质。

活动设计： 请大家将一片铝箔放在酒精灯上加热至熔化，轻轻晃动，观察现象并分析。

活动现场： 课堂上，学生都在做铝箔的燃烧实验，发现铝箔逐渐熔化，失去光泽，但并不滴落，好像外面有一层薄膜兜住。分析原因是铝箔外生成的高熔点的氧化铝保护了内层融化的铝。这时，一个学生突然提问："老师，假如我用针刺一下，会怎样呢？"教师和其他同学都愣住了。

师：你是第一个这样想问题的同学，很好！那我们试一下吧！

于是，每个同学都去拿老师提供的牙签刺向薄膜兜住的地方，发现一小滴银白色的金属流出，但无法滴落。大家都非常惊叹。

生1：哇，又生成了一层膜保护住了里面的铝！

生2：这更加说明铝真是太活泼了！

这时，又有学生发问。

生：难道我们就没办法将整片铝直接氧化？

大家又都愣住了。

生1：将一整片铝在真空中磨成粉末，然后突然暴露在空气中。

生2：你说得很不现实。我认为可以将铝粉用纸包住，在酒精灯上点燃！（实验发现，纸烧破了，铝粉洒落在酒精灯上，但难以燃烧。学生认为，将铝粉放在空气中，最终肯定会被氧化的。）

生3：把铝粉用纸包起来，用坩埚钳夹住，点燃纸，然后伸入充满氧气的集气瓶中。（实验发现，燃烧非常剧烈，发出耀眼的白光，说明肯定被氧化了。）

生4：如果将表面积很大、很薄的铝箔放在充满氧气的集气瓶中，可以燃烧吗？（实验发现，如果保证氧气充足，这样的铝也可以燃烧，发出耀眼的白光。）

师：为什么这两种设计都能成功呢？

生：说明改变实验条件对反应速率有影响。

师：哪些条件？

生：如本实验中增加固体表面积、增大氧气的浓度，会使反应更容易发生。

学生实实在在地经历了教学过程，能从实验中发现并提出问题，然后大家共同设计方案，再通过实验验证，最后进行比较分析和总结。在这样的课堂，师生都获得惊喜与进步。所以，核心素养目标的实践成果就是动态生成的流程。

因此，当科学确立目标、设计了合理的问题之后，我们的眼光决不能只放在目标和问题之上，而应该更加关注学生的表现，鼓励和带动他们实践、表达，只有他们真正参与、深入思考了，核心素养才是实在的、真正能够落实的，问题设计才是有效的，甚至能实现生成的精彩！

第五章

指向深度学习的课堂师生对话

观察分析实现深度学习的理科课堂，发现这些课堂具有如下几个主要的共性特征：①问题立意高，在培养学科素养方面具有代表性；②问题新颖有深度，能够充分调动起学生思考的兴趣和挑战欲望；③课堂互动深入，师生之间、生生之间能够充分交流，在交流中能够以点带面，既关照能力提升，又落实学科基础，全面提高了问题解决能力，甚至实现了学科情感思想、价值观的提升。

这样的课堂形态正好与建构主义教学理论相契合。建构主义强调以学生为中心，在实际情境下进行学习，强调协作学习、对话对意义建构的关键作用。[①]建构主义学习理论认为，学习知识不能满足于教条式的掌握，而是需要不断深化，把握它在具体情境中的复杂变化，使学习走向"思维中的具体"。[②]学习，不是由教师向学生的知识传递，而是学生建构自己的知识的过程，学习者不是被动的信息吸收者，相反，他要主动地建构信息的意义。其中，每个学习者都在以自己原有的经验系统为基础对新的信息进行编码，建构自己的理解，而且，原有知识又因为新经验的进入而发生调整和改变。[③]这就是深度学习应有的状态。

---

① 高文，徐斌艳，吴刚.建构主义教育研究［M］.北京：教育科学出版社，2008.

② 张雅军.建构主义指导下的自主学习理论与实践［M］.武汉：华中师范大学出版社，2009.

③ 多尔.后现代课程观［M］.王红宇，译.北京：教育科学出版社，2000.

第一节　课堂教学对话的形成策略

一、引发课堂对话的"情境导研"型教学模式

在该理论指导下，笔者针对资优生的化学课堂教学模式分解为："问题情境""导"和"研"三个基本要素，其基本特征为：①以问题情境的合理创设为载体；②以教师的科学引导为关键，尤其要创设能让学生充分对话的课堂氛围；③以问题的解决和提高学生的学习自主性及创新性、构建科学的知识结构为目标，其具体的形式就是师生、生生深度对话，在对话中研讨、提升，实现知识结构的科学化、网络化，如图5-1所示。简言之，就是以高质量教学问题的设计为前提，通过教师的激发和引导，实现研讨型的对话。

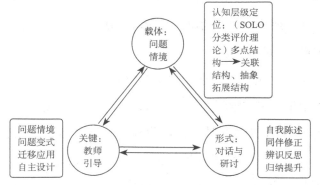

图5-1　"情境导研"型教学模式三要素的构成与协同作用[①]

———————————

① 程俊. 面向资优生的"情境导研式"教学模式构建［J］. 化学教与学，2018（5）：40-43.

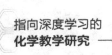
二、课堂"导研"的策略

有了以上层层递进的设计，教师就要好好思考如何创设良好的时空氛围来引发学生对话、深度参与学习过程。

值得注意的是，因为要实现深度学习，问题情境的预设不能太死板，密度不能太大，一定要留下灵活的空间，因为深度学习中学生的对话一般都能超越预设。接着，只要给他们充足的时间、充分的自由，教师适时地点拨和激发，他们的对话一定能帮自己解决丰富的问题，实现精彩的课堂生成。

（一）正确发挥教师的主导作用

学生毕竟只处于情感、态度、价值观、认知等形成阶段，课堂上，教师科学精炼的"引导、讲解"也是非常重要的。教师要善于指导学生利用已有的知识、经验去同化和顺应新知识，从而构建新知识。只有教师的主导作用发挥得好，才能真正促进学生主体的主动发展。

（二）正确发挥学生的主体作用

要培养学生的学习能力，就要有大量的实践活动，这就需要有充足的思考、重组的时间。因此，每节课都应该紧扣重点，创造宽松、民主的氛围，给学生自由思考、充分交流的时间，这样，学生才可以对问题进行深入地研究和讨论，实实在在地感悟学习的快乐与学习的真谛，获得能力的提升。

（三）"导研"模式的构建

为了使设计的问题情境实现最大的学习效力，需要设计固定的"导研"模式，逐步培养学生的主体学习意识和能力，实现资优生能力的不断提升。

课堂各环节的学习步骤设置为：自我陈述→同伴修正→辨识反思→归纳提升。这种陈述、修正、辨识就是深层次的对话，也是内隐思维外显的过程，反思归纳就是已有知识结构的完善和重构，学生之间就形成了最好的学习共同体。这个步骤可以作为我们导研氛围创设的模式。比如不同环节的情境，学生都有可能出现不同的答案，那么，只要我们给予学生足够的思考、书写和展示的时间，学生就能发现大家之间思维的碰撞，然后各自抒发缘由，自然能形成最科学的解释。

根据上述理论和设计思路，下面的案例很好地展示了"情境导研式"课堂教学引发的课堂精彩对话。

问题情境　要检验某混合气体中既有CO_2又有SO_2，现在有3个试剂瓶，第1、3瓶分别是品红溶液、澄清石灰水，请问第2瓶溶液可以选择什么试剂？

生：选酸性高锰酸钾溶液，让酸性高锰酸钾溶液既除去SO_2，又检验SO_2是否被除尽。

师：那酸性高锰酸钾溶液的现象是什么？

生1：（多数）酸性高锰酸钾溶液褪色。

师：褪色证明什么？证明有SO_2参与反应，不能证明除尽了啊！怎么设计与表达更好？

生2：酸性高锰酸钾溶液没有完全褪色。所以酸性高锰酸钾溶液的浓度不能太小。

师：很棒！

生3：能用溴水吗？

生4：可以啊！一样可以不完全褪色。

师：所以，总结一下可以选择什么样的试剂来代替酸性高锰酸钾溶液。

生5：有氧化性，又有颜色的。

生6：$FeCl_3$溶液可以吗？

生7：可以啊！道理一样。

生8：不行啊！$FeCl_3$溶液不完全褪色，变成$FeCl_3$和$FeCl_2$的混合溶液，现象估计不明显，没有前两个试剂好。

生9：能用滴有KSCN的$FeCl_3$溶液吗？现象的变化会比较明显。

生10：估计可以哦！血红色不完全褪去。

生11：可不可以用碱性溶液，比如用滴有酚酞试液的NaOH溶液，可

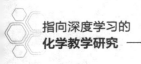

以吗？

生12：不行啊！NaOH溶液既能吸收SO_2，又能吸收CO_2。

生13：那能不能用Na_2S溶液？碱性没那么强。

生14：SO_2能与Na_2S溶液反应产生S沉淀，但CO_2不能。

生15：对啊！CO_2酸性比H_2S弱，刚好不反应。

生16：不行！Na_2S溶液与CO_2即使不能获得H_2S，但是碱性物质Na_2S还是可以和酸性的CO_2反应，可以生成NaHS。

师：大家的讨论思路很开阔，几乎完整回忆和联系了CO_2、SO_2这两种典型酸性氧化物的区别与联系。

问题归纳：下面，请同学们根据刚才的对话列出所有的能使用的试剂，并写出实验现象，评价优劣，归纳该实验的规律。（这是将部分同学的对话成果推广到全体的一个环节，同时能起到能力提升的效果。将不同同学的作业进行展示，发现有的同学有错漏，有的同学还有补充，这就能进一步引起教师对"导"的反思，也能引起学生对"研"的参与的反思。）

问题推广 除了CO_2和SO_2，我们中学阶段还有很多类似的一对对的经典物质的除杂和鉴别问题，请同学们课下自己选择一对来设计实验。

学生的作业有Fe^{2+}与Fe^{3+}、SO_3^{2-}与CO_3^{2-}、CO_3^{2-}与HCO_3^-、SO_3^{2-}与SO_4^{2-}等的除杂和鉴别实验。学生逐渐学会了从物质的类别入手来研究物质的各类性质。

因为创设了这样一个与平时的经典问题稍有变化的情境，因为给了学生"思考和书写→答案展示→各自辩护→形成共识→各自修正与完善"的机会，学生实现了对知识的主动建构、完整建构。

第二节　深度学习的课堂对话整节课案例

——以《难溶电解质的溶解平衡》高二新授课教学为例

当然，课堂对话只是深度学习的表现形式，其内涵是基于课型特征、教材内容、素养目标的充分研究，基于学生认知障碍的充分诊断，所以能设计出高质量的适切性很强的课堂教学问题，然后在教师合适的激发、点评与引导之下实现深度思考、对话和碰撞。如下案例就充分体现了教师的学情研究、教材研究、课型研究对课堂对话形成的重要性。

在概念教学课堂中，由于教师普遍对学生的认知障碍把握不准确、不完整，不了解学生概念掌握所处的层次，同时没有很好地结合概念课教学的特征和规律，所以，教学效果不甚理想。

"难溶电解质的溶解平衡"具有化学平衡的基本特征、满足化学平衡的基本规律，是化学平衡学习的延伸、拓展，是对平衡理论体系的丰富和完善。因此，"难溶电解质的溶解平衡"教学是《化学反应原理》的典型课题，以此研究为契机，能发现很多概念课教学的共性问题，对学生进行概念理论的学习，使学生对概念的理解进入关联结构，甚至抽象拓展结构。

一、对学生认知障碍的分析

笔者调查了三届高三学生在一轮复习前后关于"难溶电解质溶解平衡"

109

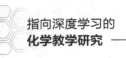
的掌握情况，发现主要存在六个方面的学习障碍：

（1）电解质投入水中的行为有哪些？先后顺序是怎样的？比如$BaCO_3$投入水中，是先有CO_3^{2-}的水解，还是先有$BaCO_3$的电离？因为先后顺序不清，学生将$BaCO_3$能溶解于酸的问题归因于CO_3^{2-}水解呈碱性，而不是$BaCO_3$的沉淀溶解平衡移动。先后顺序决定着物质变化的从属关系、主次关系，只有弄清了主次关系，才能抓住主要矛盾。

（2）认为易溶电解质在水溶液中不存在沉淀溶解平衡。比如胆矾晶体的析出、$AlCl_3 \cdot 6H_2O$晶体的析出、侯氏制碱法中$NaHCO_3$的析出，学生不能从沉淀溶解平衡的角度去理解。

（3）不理解难溶电解质的溶解平衡符号的意义，不能用规范的符号表征平衡，很容易将沉淀溶解平衡与电离平衡问题相混淆。

（4）难以识别平衡体系。何处存在难溶电解质的溶解平衡？何时用难溶电解质的溶解平衡移动解决问题？如2014届广州一模第32题，"常温下向$AlCl_3$溶液中不断通入HCl气体，可析出大量$AlCl_3 \cdot 6H_2O$晶体，结合化学平衡移动原理理解释析出晶体的原因"。最典型的错误是：学生认为平衡体系是Al^{3+}的水解，而不是$AlCl_3 \cdot 6H_2O$的沉淀溶解平衡。究其原因，是高二教学时，学生都没有弄清盐类水解平衡、沉淀溶解平衡各自适用的范围，这些平衡体系该如何区分。

（5）知道难溶不等于不溶，但在实际情境中不会用。如2011年广东高考第33题，对于单一的$BaCO_3$饱和溶液（pH=9.6），学生知道其中含有Ba^{2+}和CO_3^{2-}，但是当其中混有$Ba(OH)_2$溶液时，学生就不能综合分析其成分和性质，忽视了上层清液也是$BaCO_3$饱和溶液，对于pH>9.6很难理解。这是对于沉淀溶解平衡体系的两相共存问题，把握不准确。

（6）理解了物质的溶解度随温度降低而降低、蒸发能使物质结晶，但是当溶液中还有其他成分时，学生常常没有综合考虑的意识。如提问"在2mL$AgNO_3$溶液中加入2mL$NaCl$溶液，沉淀静置后，如何证明溶液中还同时存在Ag^+、Cl^-?"学生会提出蒸发结晶、降温结晶，或电解看能否生成Cl_2，没有考虑到，在Ag^+、Cl^-的浓度如此之小的情况下，溶液中大量存在的$NaNO_3$、H_2O等物质时可能会发生变化。学生没有学会在复杂的情境中综合考虑难溶电解质的溶解问题。

从上述分析中，我们发现学生在高三时主要的障碍在高二新课教学中就已经形成，在高三复习中怎么弥补似乎都难以达到很好的效果。再结合概念课课型特征和教学策略，发现若在高二新课教学时没有将概念的建立、辨析、同化和运用做到位，学生思维的混乱和心理上的惧怕将会一直延续下去。

二、概念课的教学策略与实践

化学概念教学的基本要求是：揭示概念的内涵与外延，使学生深刻理解概念，牢固掌握概念，灵活运用概念，即达到理解、巩固、系统、会用的目的。

基于上述对学生学习障碍点的分析，我们以《难溶电解质的溶解平衡》教学为例，在实践中探索概念教学的四个策略。

（一）重视概念的形成

首先，找到我们已学的上位概念。难溶电解质溶解平衡的上位概念有溶解度、化学平衡、电解质、离子反应等。深刻理解这些上位概念与难溶电解质溶解平衡概念之间的关系，有利于概念的建立与同化。然后从学生熟知的生活事实和实验中提供感性材料，引导他们抽象出相应的化学概念，这样才能使学生较好地掌握概念的实质。

"难溶电解质的溶解平衡"概念形成的SOLO分类评价认知层级分析见表5-1。

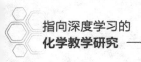
指向深度学习的
化学教学研究

表5-1　"难溶电解质的溶解平衡"概念形成的SOLO分类评价认知层级分析表

多点结构（一般起点）	关联结构	拓展抽象结构（理想目标）
①物质溶解度有大小之分； ②难溶不等于不溶； ③有溶解也有结晶； ④溶解度能随温度变化； ⑤某些微粒不能大量共存	能将①②③④⑤综合考虑，选择需要的素材解决问题	能设计实验证明各个结论，解释原因

由此可见，对资优生而言，多点结构是他们的一般起点，但是关联结构和抽象拓展结构还无法达到，要通过问题情境建立桥梁，使之认知层级得到发展。

问题情境1　回顾旧知。

（1）将NaCl固体投入蒸馏水中充分溶解至有固体剩余，体系中存在的微粒有哪些？

（2）在这个体系中通入HCl气体，会有什么现象？

归纳：易溶电解质在水中存在沉淀溶解平衡。

问题情境2　实验激疑。

师：向0.1mol/L的$MgCl_2$溶液中滴加0.02mol/L的NaOH溶液，请预测实验现象。

生：会产生白色沉淀。

师：演示实验。

生：好奇怪！先无沉淀后产生沉淀。

师提问：为什么会这样？　①出现沉淀前，溶液（试管Ⅰ）中有OH^-吗？

生：有OH^-，因为没有反应。

师：Mg^{2+}与OH^-能共存吗？

生：应该可以少量共存。

师：必修中学离子反应时，讲到Mg^{2+}与OH^-能共存吗？

生：对了，必修中一直强调能发生离子反应的离子不能大量共存。那就是说能不能反应还跟量有关。

师：②出现沉淀后，在完全反应前，溶液（试管Ⅱ）中存在OH⁻吗？

生：都消耗了，不存在了。

师：我们可以想办法证明OH⁻是否存在吗？

生：用酚酞指示剂。

师：（演示实验）在试管Ⅰ和试管Ⅱ的溶液中分别滴加一滴酚酞。

生：发现溶液都变红。说明溶液中一直存在OH⁻，即使产生了$Mg(OH)_2$沉淀。

师：那么，这就说明，即使我们认为相对完全的反应，转化率也不是100%。这个试管里就是一个Mg^{2+}、OH⁻与$Mg(OH)_2$共存的体系，一个平衡体系。下面，我们可以将生成沉淀的反应转化为$Mg(OH)_2$固体溶解的反应。

问题情境3 类比迁移、建立概念。

师：从物质的分类角度看，$Mg(OH)_2$属于哪一类物质？含有哪些微粒？

生：$Mg(OH)_2$属于碱，含有Mg^{2+}与OH⁻。

师：将$Mg(OH)_2$固体投入蒸馏水中充分溶解至有固体剩余，$Mg(OH)_2$会发生什么变化？体系中存在的微粒有哪些？怎样用实验证明？

生：$Mg(OH)_2$会电离出Mg^{2+}与OH⁻，溶液中存在的微粒有$Mg(OH)_2$、Mg^{2+}、OH⁻、H_2O、H^+（极少量），用酚酞试剂证明OH⁻的存在。

师：（演示实验）在$Mg(OH)_2$悬浊液中滴加一滴酚酞。

生：发现溶液变红，证明OH⁻确实存在。

师：我们只在水中加入了$Mg(OH)_2$固体，有OH⁻就有Mg^{2+}，那么，这就是一个Mg^{2+}、OH⁻与$Mg(OH)_2$共存的体系，一个平衡体系。（介绍平衡的建立过程。）

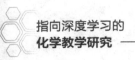
（二）注意概念的辨析

"难溶电解质的溶解平衡"概念辨析的SOLO分类评价认知层级分析见表5-2。

表5-2 "难溶电解质的溶解平衡"概念辨析的SOLO分类评价认知层级分析表

多点结构（一般起点）	关联结构	拓展抽象结构（理想目标）
①知道弱电解质有电离平衡； ②知道盐类有水解平衡； ③知道难溶物有溶解平衡	能将①②③综合考虑，能清晰地识别和分析平衡体系	能建立各个平衡之间的区别与联系

有些概念是成对出现的，两个概念同属于一个种概念且呈矛盾状态（如强弱电解质，氧化剂还原剂等）；有些概念是由某一概念通过逐步推广引申而得到的（如化学平衡与溶液中的各种平衡，化学反应与能量和电化学等）；有些概念是理论相近但适用于不同体系的（如弱电解质的电离平衡、水解平衡与难溶电解质的溶解平衡）；等等。特别是盐类的水解平衡与难溶电解质溶解平衡体系，很多学生容易混淆，在今后的应用中感觉十分困难。

注意对相近、对立、衍生概念之间的比较，特别是通过反例来纠正学生在理解概念中的错误，有利于学生准确理解概念。

问题情境4 下列几个体系，请问哪些体系中存在沉淀溶解平衡？（提供体系图片）

醋酸溶液、硫酸铜溶液、已经析出晶体的硫酸铜溶液、氯化铁溶液、$Mg(OH)_2$溶液、$Mg(OH)_2$悬浊液。

难点剖析：对于已经析出晶体的硫酸铜溶液体系，存在两种平衡，即Cu^{2+}的水解平衡、$CuSO_4 \cdot 5H_2O$的沉淀溶解平衡。当要解决Cu^{2+}向$Cu(OH)_2$的转化时，用水解平衡；当要解决$CuSO_4 \cdot 5H_2O$晶体的析出或溶解时用沉淀溶解平衡。沉淀溶解平衡一定是两相之间的转化。

归纳：沉淀溶解平衡存在于悬浊液中，无论是易溶物，还是难溶物。

（三）落实概念的同化

"难溶电解质的溶解平衡"移动SOLO分类评价认知层级分析见表5-3。

表5-3　"难溶电解质的溶解平衡"移动SOLO分类评价认知层级分析表

多点结构（一般起点）	关联结构	拓展抽象结构（理想目标）
①难溶电解质有溶解平衡；②平衡体系的特征；③平衡体系有平衡常数；④能用符号表达平衡体系	能将①②③④综合考虑，能将平衡体系共有的特征类推到难溶电解质的溶解平衡体系	能设计实验证明各个结论，解释原因，实现溶解与结晶，并能用定量数据解释定性问题

所谓概念同化，是指学生利用认知结构中原有的有关概念来同化新知识概念，从而获得科学概念的过程。在旧的知识体系中学习新概念，可深化对所学概念的认识，有利于将新学概念同化到原有的知识体系中。例如，对难溶电解质的溶解平衡，它和之前所学的弱电解质的电离平衡、盐类水解平衡一样，具有化学平衡的一般属性，既具有"等、定、动、变"的特性，又有一个平衡常数。只是它适用的体系不同，继续丰富了平衡理论。因此，学习的方法可以迁移。

问题情境5　沉淀溶解平衡的影响因素（沉淀溶解平衡也可以移动）。

思考与交流：提供一瓶$Mg(OH)_2$悬浊液，请问有哪些措施可以影响$Mg(OH)_2$的沉淀溶解平衡体系，请提出合理的方案。

汇报提纲：对$Mg(OH)_2$悬浊液的措施；平衡移动方向；促进固体溶解还是促进固体析出；对微粒浓度的影响 $[c(Mg^{2+})$ ____ $c(OH^-)$ _____$]$。

学生最容易提出的措施是：放入热水浴、放入冰水浴、滴加蒸馏水、加$Mg(OH)_2$固体、滴加浓$MgCl_2$溶液、滴加浓$NaOH$溶液、滴加浓盐酸；滴加$FeCl_3$溶液或其他盐。

问题解决1：

生1：向$Mg(OH)_2$悬浊液中滴加蒸馏水，平衡向左移动，$c(Mg^{2+})$、

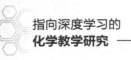

c（OH^-）都减小。

生2：不一定啊！

师：怎么不一定？

生2：如果滴加蒸馏水后溶液中的固体全部溶解了，那么溶液变得更稀，c（Mg^{2+}）、c（OH^-）都减小。如果滴加蒸馏水后溶液中的固体还有剩余，但平衡向右移动，c（Mg^{2+}）、c（OH^-）都增大。

生3：不可能都增大，始终加了水啊！

师：那c（Mg^{2+}）、c（OH^-）到底变不变？怎样变？有没有什么标准？

生4：对了，只要固体还有剩余，始终是平衡体系，是同温度下的饱和溶液，所以c（Mg^{2+}）、c（OH^-）应该都保持不变。

师：很好，大家考虑问题很有深度。

问题解决2：

生：滴加$FeCl_3$溶液，Fe^{3+}也能结合溶液中少量OH^-吗？平衡能移动吗？

师：（演示实验）在Mg（OH）$_2$悬浊液中滴加几滴$FeCl_3$溶液，振荡后静置。

生1：发现产生了红褐色沉淀，上层清液无色，下层的白色沉淀减少。

生2：说明Fe^{3+}消耗了，与OH^-结合产生了Fe（OH）$_3$沉淀。

生3：使Mg（OH）$_2$的沉淀溶解平衡向右移动，使Mg（OH）$_2$沉淀减少。c（OH^-）减小，c（Mg^{2+}）增大。

生4：为什么Fe^{3+}能夺取与Mg^{2+}结合的OH^-？那反过来在Fe（OH）$_3$悬浊液中滴加$MgCl_2$溶液，也能将红褐色沉淀转化为Mg（OH）$_2$白色沉淀吗？

师：这是一个好问题，我们不妨用平衡常数来解决。

问题情境6 沉淀溶解平衡常数（沉淀溶解平衡也有平衡常数）。

深度思考 1.请写出AgI、Fe（OH）$_3$、Ag_2SO_4的沉淀溶解平衡方程式和溶度积表达式。（落实符号的书写规范与理解）

2.请查阅书本上的难溶电解质K_{sp}数据，思考并回答下列问题：

（1）在25℃时，在0.1mol/LAgNO$_3$溶液中加入氯化钠固体，c（Cl$^-$）=_____时，开始产生沉淀。

（2）若c（Cl$^-$）≠1.8×10^{-9}mol/L呢？（归纳Qc与K_{sp}的关系所反应的溶液状态。）

师：为何之前的实验，向0.1mol/L的MgCl$_2$溶液中滴加0.02mol/L的NaOH溶液，在试管Ⅰ中没沉淀，而试管Ⅱ中有沉淀？

生：因为试管Ⅰ中c（OH$^-$）太小，Q_c[Mg（OH）$_2$]<K_{sp}[Mg（OH）$_2$]，所以，溶液未饱和。试管Ⅱ中c（OH$^-$）更大，Q_c[Mg（OH）$_2$]>K_{sp}Mg（OH）$_2$]，所以，溶液产生沉淀。

师：那么现在试管Ⅱ中，Q_c与K_{sp}是什么关系？

生：Q_c[Mg（OH）$_2$]$_2$=K_{sp}[Mg（OH）$_2$]，因为现在是饱和溶液，处于动态平衡状态。

师：所以我们在必修中讲的Mg^{2+}和OH$^-$可以少量共存，不能大量共存，原因在这里。

（3）在25℃时，在0.1mol/LAgNO$_3$溶液中加入碘化钾固体，当c（I$^-$）=_____时，开始产生沉淀。

（4）比较上述数据，我们能得出什么结论？K_{sp}数据能给我们哪些信息？（比较物质的溶解性、沉淀顺序）

（5）在两支盛有0.01mol/L的NaOH溶液的试管中，分别同时逐滴滴入MgCl$_2$溶液和FeCl$_3$溶液，先产生的沉淀是什么？（印证Fe^{3+}能使Mg（OH）$_2$沉淀发生转化）

（四）加强概念的运用

"难溶电解质的溶解平衡"应用SOLO分类评价认知层级分析见表5-4。

表5-4 "难溶电解质的溶解平衡"应用SOLO分类评价认知层级分析表

多点结构（一般起点）	关联结构	拓展抽象结构（理想目标）
①难溶电解质溶解平衡能发生移动； ②能用K_{sp}解释定量问题； ③易溶电解质也有溶解平衡	能将①②③综合考虑，能用平衡体系的特征、用K_{sp}定性和定量地解释平衡的移动	能设计实验实现沉淀的生成、溶解和转化，并能定性、定量分析生活生产中的沉淀生成、溶解、转化现象

在教学中，应加强概念的应用，围绕着一个概念要配备多种问题情境，让学生从多角度、多层次上去进行运用。先巩固性运用，后综合性运用，在运用中达到切实掌握化学概念的目的。

问题情境7 综合运用问题示例。

难溶电解质在水中溶解度虽小，但若平衡发生移动，也会在生产、科研、环保等领域有重要的应用。可以提供很多例子给学生解释、分析。例如，请用平衡移动的原理解释：为何$Mg(OH)_2$能溶于NH_4Cl溶液？如何除去锅垢？牙齿表面由一层硬的、组成为$Ca_5(PO_4)_3OH$的物质保护着，哪些生活习惯会导致牙齿的腐蚀？如何保护牙齿？

在落实概念的运用时，学生需要不断强化思维的有序性，即：找到已存在的平衡体系→分析外界施加的影响因素→外界因素对平衡体系的直接影响→平衡移动的方向→造成的结果。

三、课后反思与专家评价

（一）创新之处

（1）从学生学习后的认知障碍出发，先研究学生将会出现的学习困难，再有针对性地设计课堂，有效提高了课堂的有效性，使课堂对话针对性特别强。

（2）以概念课的教学理论与策略来指导本节教学的设计，契合度很高，对障碍的化解有很强的指导意义。

（3）借助实验制造的认知冲突贯穿整节课，实现了从去问题到激发认知冲突的转变，在认知冲突中帮助学生完善认知结构。

（4）关于溶度积K_{sp}的计算，教学目的不仅仅是计算，还要帮助学生从定量的角度深入理解沉淀生成和转化的条件。关于Fe^{3+}能使$Mg(OH)_2$沉淀发生转化，先用实验证明，再用平衡理论解释，进而用符号表征，最后再通过计算佐证，很有深度。学生建立了从定性→定量、从宏观现象→微观解释→符号表征的概念原理认识思路。

（5）因为教师给予了学生充分的思考与研讨的机会，所以课堂对话特别深入，产生了生成性资源，并进行了有效的引导和巧妙的应用和提升。

（二）待改进之处

（1）关于"难以识别平衡体系"的障碍，学生在课后仍然存在，值得继续想办法化解。

（2）应尽量创造条件让学生实验代替教师演示，这样给学生的印象更加深刻。

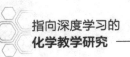

第三节　深度学习的课堂对话片段案例

十六年浸润于一线课堂，最大的幸福就是课堂上与学生真诚地交流与互动，学生毫无保留地把他的困惑与发现同大家分享，每次回味这些课堂瞬间，我都深深地感到：课堂是一门永远也无法穷尽的艺术，值得长久地追寻。

案例1　（高二测试讲评课）欠缺系统思维太可怕

——关于电解质溶液pH变化的单元检测讲评

电化学单元测验，有几道简单题，做得很不理想，比如这道电解池的题，实验班的正确率也只有63%，很多学生选B。

用石墨作电极，电解下列溶液，阴、阳两极均产生气体，其体积比为2∶1，且电解后溶液的pH减小的是（　　　）。

A. KCl　　　　　B. NaOH　　　　　C. Na_2SO_4　　　　　D. H_2SO_4

一、原型思维障碍分析

我百思不得其解，不知道为何在这样的简单问题上，学生的掌握程度会如此差。于是，试卷讲评课时，我请做错的同学主动给大家分析思路，以下是两位同学的回答。

生1：NaOH溶液，阳极消耗OH⁻，所以，pH减小。

生2：H_2SO_4溶液，阴极消耗H^+，阳极产生H^+，刚好抵消，所以pH不变。

我一听学生的思路，深感不妙。没想到学生竟然这样思考问题，现在他们会写电极反应式，会判断某个电极附近pH的变化，却不明白什么叫电解后整个溶液的pH变化，不能整体地看溶液中总的微粒变化，缺乏系统分析问题的思维。

因此，我静下心来，带领学生先分析两个概念，即电解时阴阳极附近溶液的pH变化、电解后溶液的pH变化。

一辨析概念，学生有点恍然大悟。于是，我让他们总结出这两类问题的思路模型：

（1）分析"电解时阴阳极附近溶液的pH变化"思路模型：分析某极存在的微粒→书写某极的电极反应式，生成了什么、消耗了什么→分析某极溶液中微粒的移动，过来了什么、走了什么→根据某极H^+或OH⁻浓度的变化直接判断pH变化。

（2）分析"电解后溶液的pH变化"思路模型：先判断原溶液的酸碱性→写两极的电极反应→看总体是消耗了什么，H^+、OH⁻还是水→判断pH变化。比如NaOH溶液消耗了H_2O，溶液pH增强。再如，电解氯化铜溶液，氯化铜溶液原来就显酸性，浓度降低后，酸性减弱。学生往往不能联系溶液原来的酸碱性来考虑；电解硝酸溶液，实质是电解水，浓度增大，所以酸性增强。

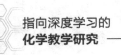

二、变式训练

纳米级Cu_2O由于具有优良的催化性能而受到关注。采用离子交换膜控制电解液中OH^-的浓度制备纳米级Cu_2O的装置如图5-2所示，发生的反应为：$2Cu+H_2O \xrightarrow{\text{通电}} Cu_2O+H_2\uparrow$。下列说法正确的是（　　　　）

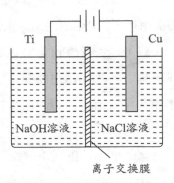

图5-2　制备纳米级Cu_2O的装置

A. 钛电极发生氧化反应

B. 阳极附近溶液的pH逐渐增大

C. 离子交换膜应采用阳离子交换膜

D. 阳极反应式是：$2Cu+2OH^--2e^- \rule[0.5ex]{1.5em}{0.4pt} Cu_2O+H_2O$

学生仍然不会将整个池的电流流动起来看待，只会静态孤立地看每个局部，所以，遇到这样考查到位的问题，就必然出错，连全省创新人才实验班的学生也是如此。主要问题聚焦在B、C两个选项。

生1：阳极消耗OH^-，阳极的pH不就下降吗？

生2：但是阳极也有OH^-补充，那到底是增多还是减少？

生3：我们上次做过一道题，消耗多过补充的。

师：什么池都是消耗多过补充吗？请大家再思考、讨论之后回答。

生4：这个池，电路中转移2mol电子，阴极产生2molOH^-，那么就有

2molOH⁻通过阴离子交换膜迁移到阳极，发生阳极反应：$2Cu+2OH^--2e^-\!\!=\!\!\!=$
Cu_2O+H_2O。所以，阳极并没有OH⁻的增减，只是多生成了水，但原来阳极本来就是中性的NaCl溶液，所以，阳极pH不变。

师：很棒！这里需要综合分析各微粒的迁移方向、迁移数量，整体看某极溶液酸碱性的变化。

三、迁移创新

（2018届辽宁省沈阳市高三教学质量监测一）在一定条件下，用石墨电极电解0.5mo/LCuSO₄溶液（含H₂SO₄），监测到阳极附近溶液pH随着通电时间的延长而变化，数据如表5-5所示，下列说法不正确的是（　　　）

表5-5　阳极附近溶液pH变化表

通电前 pH	通电后pH							
	瞬间	20s	40s	60s	80s	100s	120s	……
2.35	2.55	2.50	2.48	2.45	2.41	2.35	2.25	……

A. 通电瞬间，阳离子向阴极移动

B. 电解过程中，阳极发生的电极反应是$2H_2O-4e^-\!\!=\!\!\!=4H^++O_2\uparrow$

C. 通电后pH下降过程中，阴极发生的主要电极反应是$Cu^{2+}+2e^-\!\!=\!\!\!=Cu$

D. 通电后pH下降过程中，H⁺向阴极的移动速率大于其在阳极的生成速率

生1：阳极pH居然先增大再减小？

生2：开始一瞬间，应该是OH⁻瞬间向阳极聚集还没反应导致的。

生3：后面阳极pH开始下降，是阳极生成的H⁺多于迁移走的H⁺吗？

生4：阳极附近，发生的电极反应是：$2H_2O-4e^-\!\!=\!\!\!=4H^++O_2\uparrow$，$SO_4^{2-}$在向阳极迁移，$Cu^{2+}$、H⁺在向阴极迁移，所以H⁺向阴极的移动速率小于其在阳极的生成速率，阳极附近溶液pH减小。

师：为什么H⁺向阴极的移动速率小于其在阳极的生成速率？为什么二者

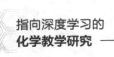

不相等？

生5：因为迁移的离子不只是H^+，还有Cu^{2+}、SO_4^{2-}，因此，H^+迁移的物质的量小于转移电子的物质的量。

生6：如果使用了质子交换膜，那么H^+迁移的物质的量必须等于转移电子的物质的量。

师：大家分析得很好！我们发现，在分析这个问题时，有膜和无膜的电池也是有很大差异的。

试卷讲评课很难上，一是因为量大，一份60分钟甚至更大容量的试卷很难在一节课40分钟之内讲完；二是问题的分散性，除了有全班共性的问题，还有学生个性化的问题；三是以题讲题，学生下次遇到类似的稍有变化的问题，可能还是不能独立解决。因此，试卷讲评课怎么上？应该体现哪些功能？笔者总结出以下策略：①深入分析错题原因、课堂突破共性问题；②对比已学问题，寻找错题根源，引起学生自我反思；③展示变式，引发学生自我认知迁移，优化重组认知结构。

案例2 （高二新授课）我上"燃烧热"

在选修四中，燃烧热这节内容非常简单，包括定义与解释、常见燃料燃烧热数据表、能源介绍。如何上出选修四的深度和意义呢？我在备课时从两方面入手：一是让学生自己理解与解释定义；二是燃烧的作用与燃料的选择。这两方面成为本节课的重点和学生的活动点。

一、燃烧热的定义

师：请大家仔细阅读书本上燃烧热的定义，以甲烷燃烧为例，分析燃烧热定义的要求。

生1：燃烧热的数值是在一定的温度与压强下测定出来的，所以，各反应物与生成物的状态仍然要注意写明。燃烧热指的是1mol纯物质完全燃烧放出的热量，比如，应该确定1mol甲烷燃烧，而不是天然气，燃烧后必须生成稳定氧化物（CO_2和液态水）。

生2：稳定氧化物是什么意思？CO不稳定吗？

生3：在当时燃烧的条件下，CO可以继续燃烧放热生成CO_2，所以说，CO_2才是此条件下的稳定氧化物。

师：你们讲得很好。关于纯物质，大家还要关注一点，比如我写1molC（s），存在什么情况？

生4：C存在几种同素异形体，如金刚石与石墨。

师：看看燃烧热表格，发现什么？

生5：金刚石与石墨的燃烧热确实不同，所以写方程式时应该标明是哪种。

师：它们的燃烧热为什么不同？

生6：因为它们结构不同，所以本身能量不同。

师：有道理吗？请一位同学用更加严谨的语言表达。

生7：同质量时，它们燃烧需要等量的O_2，生成等量的CO_2和液态水，但放出的热量却不同，说明同质量的金刚石和石墨能量不同。能量不同的原因是结构不同。

师：非常棒！最后，请一位同学将以上观点总结一下。

生8：①燃烧热可由实验测得，故与外界条件有关（温度、压强等），且与各物质的状态、内部结构有关。没有注明条件时一般指25℃、101kPa；②"1mol纯物质"指的是物质的量为1mol的纯净物（单质或化合物），同素

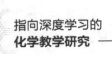

异形体之间由于结构不同，所具有的能量不同，混在一起是混合物；③测定燃烧热时，必须是可燃物完全燃烧生成在该条件下稳定的氧化物（意味着该条件下它们不能再燃烧了）；④燃烧热单位是kJ/mol；⑤表示燃烧热时，应该以1mol可燃物为标准配平，其余可以写成分数。

二、燃烧热数据使用

师：请大家阅读书本燃烧热表格，选出你认为最好的燃料（提示：我的意思是不同的同学对燃料可以有不同的标准）。

生1：苯最好。

师：为什么？请说出你的标准和理由。

生1：因为同样是1mol燃料，苯放出的能量最多。

师：其他同学同意他的看法吗？

生2：我认为苯不好，因为它容易不完全燃烧，冒出大量黑烟。

生3：苯还有毒，会致癌。我认为H_2最好，因为质量相同的情况下，H_2放出的热量最多，而且它是清洁燃料，生成的产物是水，对环境无害。

生4：H_2的来源是水。

生5：但是这个世界难题还没有被解决，消耗大量电能，成本太高，用H_2还是不现实的。

生6：我认为甲烷最好，因为它能够比较完全地燃烧，燃烧热又比较高，同时来自天然气、沼气或可燃冰，储量很大。

生7：甲烷是温室气体，而且可燃冰还在海底，没有被大量开采。我认为乙醇最好，因为石油、天然气这些化石燃料都不可再生，而乙醇可以通过葡萄糖发酵而再生，它燃烧的热值也很高，又比较环保。

生8：但是，乙醇要用粮食、玉米等粮食做，现在粮食好贵啊！用普通的纤维素和淀粉做，好像技术还没有达到。

师：大家讲的都有理有据，非常好！所以说，人类目前还没有找到一种能满足各种要求的好燃料，这是一个世界难题。请一位同学总结一下刚才大家所讲的选择燃料需要综合考虑哪些因素。

生9：燃烧热大小、燃料是否容易完全燃烧、燃料本身和燃烧产物的环保情况、储量多少（是否已开采）、制造燃料的原料与成本等。

简单的知识怎样实现深度学习？关键是要挖掘里面的内涵和意义，用开放性的问题引发学生的深度挖掘，当我们将发现的权利留给学生，他们的认识视角能超乎我们的想象。

案例3　（高二新授课）中和热测定中的定量实验方法

关于中和热的测定，必修中，学生已经做过基本实验，注意事项已经比较清楚，那么，在选修中，如何上出味道和深度呢？

不能只是简单地围绕仪器、药品、操作、注意事项，而是应该站在定量实验的高度，讨论实验应该注意的一切。

师：作为一个定量实验，定量的意识和要求应该贯彻在实验的每个部分。首先，回忆必修，看看实验各部分的要求。

生1：仪器，越精确越好，如温度计最好用分刻度为0.1℃的温度计；将量筒改为移液管或滴定管；中和热测定仪的保温性能一定要好。

生2：药品，酸碱物质的量要准确、精确。

生3：操作，量筒和温度计都要清洗；倾倒NaOH的速度应该较快。

生4：数据获取与处理，读取温度值时要及时（最大值）；要读出盐酸和

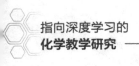

NaOH溶液在反应前的温度，取平均值作为初始温度；要重复实验2~3次，取平均值，减少误差。

师：现在，大家仔细阅读书本实验，对比一下，有哪些与必修不同的地方？

生5：必修反应物用量是20mL 2mol/L的盐酸、20mL 2mol/L的NaOH溶液，选修中反应物用量是50mL 0.5mol/L的盐酸，50mL 0.55mol/L的NaOH溶液，①溶液浓度减小了；②溶液体积增大了；③NaOH溶液稍有过量。

师：哪一种更好？为什么？

生6：当然是选修中的好！①浓度减小了，可以减小因为大浓度NaOH溶液稀释造成的放热、浓盐酸挥发带来的误差；②NaOH稍有过量，可以保证HCl充分反应转化为H_2O（为什么呢？可以视学生具体水平看是否需要提示稍过量的NaOH可以抑制水的电离）；但是，溶液体积增大了，为什么呢？

师：围绕定量实验的精确性来想。

生7：可以与生活中的事实类比一下，样本越少，误差越大。实验中的误差一定存在，在同样的浓度情况下，增大体积，同学们可以以实验中的一种误差为例，比如温度计。

生8：对于分刻度为1℃的温度计来说，无论溶液的体积为多大，读数的误差永远都存在0.1℃，这0.1℃如果分摊在100mL溶液上比分摊在40mL溶液上，误差当然要小。从公式来看，$\Delta H = -\dfrac{Q}{m} = \dfrac{cm\Delta t}{n}$，$\Delta Hn$越大，$\Delta t$误差造成的影响越小。

师：如果将HCl换成HNO_3，将NaOH换成KOH，其余条件不变，测得的数值一样吗？如果将HCl换成H_2SO_4，将NaOH换成$Ba(OH)_2$呢？……

注意：计算中，学生对于m、n代表什么，非常不清楚！H_2SO_4与NaOH反应的中和热为57.3kJ/mol，很多学生不明白中和热的数值与反应的量是无关的。

定量实验，高中阶段很少，如中和热测定、反应速率的测定、酸碱中

pH测定与曲线绘制，所以学生的定量思维方法是很欠缺的，那么，教师要好好抓住仅有的教育契机给学生足够的思维碰撞，才能让学生有定量的意识和操作习惯。即定量实验的所有操作过程都围绕实验原理，所有操作细节和注意事项都围绕实验的精确性。

案例4　（高二新授课）如何验证在氢氧化钠水溶液中加热，溴乙烷发生的是水解反应？

——对实验原理的验证探讨

学习卤代烃，让学生讨论：如何验证在氢氧化钠水溶液中加热，溴乙烷发生的是水解反应？

经过小组讨论，学生汇报了以下几种方案。

生1：通过滴酚酞试液，溶液红色变浅，或用pH试纸检验碱性减弱，说明氢氧化钠消耗了，说明发生了水解。（方案一）

生2：通过核磁共振氢谱检验乙醇的生成。（方案二）

生3：滴加硝酸银溶液，产生淡黄色沉淀，说明有溴离子生成。（方案三）

生4：不行，溶液是碱性的，必须先加硝酸将碱中和，然后再加硝酸银溶液检验。（完善了方案三）

生5：可以加酸性高锰酸钾溶液或酸性重铬酸钾溶液，若褪色或颜色变浅，证明生成了乙醇。（方案四）

生6：不行，这里也需要先加酸将碱中和，否则酸性高锰酸钾溶液或酸性

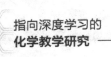
重铬酸钾溶液的氧化性会大大减弱。（完善了方案四）

师：很好，大家提了四种方案，请大家评价一下，是否都适用？是否都能证明发生了水解反应？

生7：方案四直接证明生成了乙醇，应该能有力证明发生了水解反应；方案三证明有溴离子生成，有没有可能发生其他反应也有溴离子生成？

师：很好，那方案三等我们学习了后续反应再下结论。

生8：方案二很直接，但成本太高，而且需要提纯后才能使用。方案一同样需要看看其他反应是否也能消耗NaOH。

那么，学习了溴乙烷在氢氧化钠醇溶液中反应之后，将两个反应对照起来，学生就能进行综合判断。同样，要证明溴乙烷在氢氧化钠醇溶液中发生消去反应，同样需要通过证明乙烯的生成来实现。

学习了溴乙烷在氢氧化钠醇溶液中反应之后，再综合探讨两个反应的验证方法，学生实现了知识之间的辨识与联系。

案例5 （高二习题课）学生的智慧

——同分异构体的书写及对结构的辨识

笔者在全省创新人才实验班上有机课，开始十分钟讲习题。

第一道是前一天班上成绩很好的朱同学问我的关于同分异构体的一道题，"某有机物，一个苯环上连接一个Cl和3个甲基，结构式共有几种？"他说："我怎么看都是5种，找不到6种。"于是，我让他数给我看，先固定Cl，再固定两个甲基，数第三个甲基的位置，这样数下去，很容易重复，也很容易漏掉，数完心里不踏实。这时肖同学上来讲，很轻松地画出了三甲基苯的三种结构，然后填补Cl的位置，很明确看出6种结构。好几个同学纷纷感慨："好聪明！""这样数太好了！"

同一个问题，稍微换一种思路，就简便很多，做出来的结果，自己也会更加确定，这就是证据推理与模型认知的素养。而同分异构体问题，大家都觉得难，不宜拿分，症结不是学生不会做，而是数不准确，数完了自己心里也没底，因此，学生要学会建立模型，找到最无可辩驳的证据。

第二道习题，如图5-3所示，给出了金刚烷的结构图，问它的一氯代物有几种。

对这个问题，学生看到的是纸上的图，完全感觉不到对称性，如果能拼模型给学生看，就清晰多了，但我故意先不给模型。

我先问学生："就看这个结构图，你能看出对称性吗？"很多学生摇头。

于是，我问："有谁是一开始就能看出对称性的，能讲讲吗？"

朱同学说："我看到有4个C原子都是连着三个碳碳单键的，有6个碳原子都是连着两个碳碳单键的，所以就分为这两类。"

叶同学说："因为都是C原子，所以碳碳单键的键长都一样，所以，连着相同键的CH一样，CH_2也都一样。"

韩同学上讲台画了一个立方体，说："金刚烷的四个CH相当于在立方体的4个顶点上，另外6个点相当于在6个面心，这样分析就能确定其对称性。"大家一阵掌声！

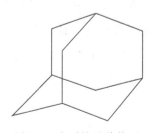

图5-3　金刚烷的结构图

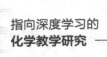
经过几个同学的分析，这个问题完全清楚了，下面的同学非常佩服。他们教会大家，很多陌生的有机物，即使没有给立体模型，我们也有办法看出它们的结构。

这时，我才拿出拼好的球棍模型，如图5-4所示，学生果然清晰地看出对称性，我也让学生看每个CH连着的三个六面体、对面的一个六面体，虽然平面画中看到的感觉不一样，但都是一样的六面体。再看看比例模型，就更清晰。

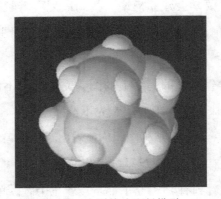

图5-4　金刚烷的比例模型

给优秀的学生讲题，很轻松，也很不容易，如果教师只是想着把答案讲清楚，那就很简单了，但很难吸引学生的兴趣。因为好学生的领悟力本来就很强，如果老师没有抓住学生的问题关键，很容易显得是在讲废话。比如第一道习题，学生不是不会数同分异构体，只是没有找到最便捷的方法，心中的证据不够充足；第二道题，如果教师来讲，一般讲不出三种思路，即使讲出来了，学生只是觉得这本来就是老师应该做到的。如果教师能够创造研讨的氛围，让优秀的学生之间同频共振，让他们互相教育、互相佩服、互相学习，这种感染力和教育效果是不一样的。

案例6 （高二习题课）选择题，选对了答案，你真的懂了吗？

一、关于同分异构体的书写

在全省创新人才实验班上课，讲同分异构体，要数正己烷的二氯取代物有多少种，我看到一位女生打的草稿很清晰，答案也是12种，于是请她来黑板处分析。她一上来就画好了6个碳的骨架，用圈圈标出第一个氯的取代位置，然后打点标出第二个氯取代的位置，得出5+4+3=12，下面的同学马上发现虽然也是12种，但她漏掉了两个氯同在一个碳上的3种同分异构体，而多了3种重复的情况。

当她自己也恍然大悟后，我问她有何感想，她说："开始觉得自己的答案是对的，很自信，结果分析的时候还是觉得不够清晰，还是没有弄清楚所有的情况。"于是，我问大家："做对选择题，能说明弄懂了吗？"很明显，这是有差距的，平时不能满足于做对题就够了，要真正弄懂了，才能做好后面的问题。

二、关于平衡移动方向的判断

一定量的CO_2与足量的碳在体积可变的恒压密闭容器中反应：$C(s) + CO_2(g) \rightleftharpoons 2CO(g)$。平衡时，体系中气体体积分数与温度的关系如图5-5所示。

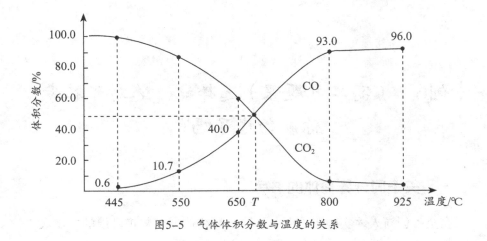

图5-5 气体体积分数与温度的关系

已知：气体分压（$p_分$）=气体总压（$p_总$）×体积分数。下列说法正确的是（　　）

A. 550℃时，若充入惰性气体，$v_正$、$v_逆$均减小，平衡不移动

B. 650℃时，反应达平衡后CO_2的转化率为25.0%

C. T℃时，若充入等体积的CO_2和CO，平衡向逆反应方向移动

D. 925℃时，用平衡分压代替平衡浓度表示的化学平衡常数$k_p=24.0p_总$

正确答案是B，很多同学选对了。但是关于C，很多同学能判断出不移动，但原因不同。

学生回答1：因为原来CO、CO_2体积相等，若充入等体积的CO_2和CO，二者的浓度等量增加，所以，不移动。（如果这样，依据Q_c与K的关系，列出Q_c的表达式，结果应该是逆向移动。）

学生回答2：因为原来CO、CO_2体积相等，因为是体积可变的恒压密闭容器，若充入等体积的CO_2和CO，二者的浓度等量减少，所以，$Q_c<K$，正向移动。

所以，哪怕学生将答案选对了，思路却是错的，我们应该去挖掘他们思维深处的东西，才能让他们有正确的思维方法，触类旁通。这里，有两个问题要结合起来：（1）CO_2和CO，二者的浓度到底有没有发生变化？（应该是都不变，那么平衡就不移动）。（2）若不敢贸然用勒夏特列原理，应该老老实实将Q的表达式拿出来，一项项对照比较就不容易出错。

变式训练 如果是恒容容器呢，C中平衡会如何？（应该向左移动）如果左右两边系数相等呢，C中平衡会如何？（那么，无论是恒容还是恒压，平衡都不移动）

所以对学生的学习，还是那句话——知其然又知其所以然。教师要预设学生可能出现的错误，最后是否出现了相应的错误，都应该多探寻为什么。学生的思维往往会给我惊喜，可能既有创新的惊喜，又有隐秘思维障碍的惊喜。同时，平时的学习不能只聚焦在辨识记忆、概括关联能力，要提升学生的高阶思维能力，比如说明论证、推理预测和系统探究能力。

案例7 （高三一轮复习课）Na_2O_2、S、$AgBr$ 三种淡黄色固体如何鉴别？

——过氧化钠的性质复习

讲到过氧化钠时，归纳了三种淡黄色物质Na_2O_2、S、$AgBr$。

师：请问如何鉴别它们？

生1：（思考了一会儿）取少量Na_2O_2放入水中，有气体生成。

师：那S和$AgBr$怎么办？

生2：分别加入碘化钾溶液，$AgBr$会转变为AgI。

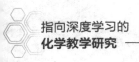

生3：可是淡黄色变为黄色很不明显啊！现象中看起来都是黄色浑浊。

生4：对了，改为加Na_2S，AgBr会转化为黑色的Ag_2S沉淀。

师：太棒了！有没有其他方法？刚才有同学说用酸。

生5：浓硫酸能氧化S，产生SO_2刺激性气味的气体，但不能氧化AgBr。

生6：用硝酸也好！AgBr难溶于稀硝酸，但S与稀硝酸加热能生成刺激性气味的气体。

师：很好！能否在其他方面再想一想？

生7：好像S易溶于酒精，电视里就有雄黄酒一说，但AgBr肯定难溶。这样检验很方便。

师：很棒！但是我了解的是S易溶于二硫化碳，酒精好像没那么容易。下课请同学们探究一下。

生8：（下课后）老师，我查出来了S微溶于酒精，雄黄主要含二硫化二砷（As_2S_2），与硫黄（主要成分是S）不同。因此，能用二硫化碳，不能用酒精检验。

生9：干吗这么复杂？直接燃烧不就可以了，S燃烧产生淡蓝色火焰、刺激性气味的气体。AgBr遇强光照射易分解。

生10：但这两个实验都会释放有毒气体，很危险。

师：很好！大家总结一下，画个思维导图，可以用哪些方法鉴别三种淡黄色固体？

生：S难溶于水，微溶于酒精，易溶于二硫化碳，是一种非金属单质，能与Fe、Na等金属单质反应，体现弱氧化性，能与O_2、浓硫酸、硝酸等反应，体现还原性；Na_2O_2是一种金属过氧化物，极易与水、CO_2等反应；而AgBr是一种难溶性的盐，见光易分解，能利用沉淀溶解平衡实现沉淀的转化。可见，利用化学性质的反应、物理性质的溶解性等都可以鉴别。但是，因为三种物质的化学反应都有危险之处，因此，都要尽可能取少量，并且要在通风橱中进行，并连接好尾气处理装置。

案例8 （高三一轮复习课）SO₂的 性质与相关检验问题

情境1 要检验某混合气体中既有CO_2又有SO_2，如果用四个试剂瓶，应该是品红溶液、酸性高锰酸钾溶液、品红溶液、澄清石灰水，但现在只有三个试剂瓶。怎么办？

生1：分别是品红溶液、酸性高锰酸钾溶液、澄清石灰水，让酸性高锰酸钾溶液既除去SO_2，又检验是否除尽。

师：那酸性高锰酸钾溶液的现象是什么？

生2：酸性高锰酸钾溶液颜色变浅。

多数学生点头。

师：变浅证明什么？证明有SO_2参与反应，不能证明除尽了啊！怎么表达更好？

生3：酸性高锰酸钾溶液颜色变浅，没有完全褪色。

师：很棒！

生4：能用溴水吗？

生5：可以啊！一样可以不完全褪色。

师：所以，总结一下，可以选择什么样的试剂来代替酸性高锰酸钾溶液？

生6：有氧化性又有颜色的。

生7：$FeCl_3$溶液可以吗？

生8：可以啊！道理一样。

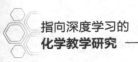

生9：不行啊！$FeCl_3$溶液不完全褪色，变成$FeCl_3$和$FeCl_2$的混合溶液，现象估计不明显，没有前三个试剂好。除非用数字化仪器来检验。

生10：能用滴有KSCN的$FeCl_3$溶液吗？

生11：估计可以哦，血红色变化比较明显！血红色不完全褪去。

生12：用滴有酚酞试液的NaOH溶液好吗？

生13：不行啊！NaOH溶液既能吸收SO_2，又能吸收CO_2，不利于CO_2的检验。

生14：能不能用Na_2S溶液？

生15：SO_2能与Na_2S溶液反应产生S沉淀，但CO_2不能。

生16：对啊！CO_2酸性比H_2S弱，刚好不反应。

生17：不行！Na_2S溶液与CO_2即使不能获得H_2S，但是碱性物质Na_2S还是可以和酸性的CO_2反应生成NaHS。

情境2 将SO_2通入过量Ca（ClO）$_2$溶液中，如何写离子方程式？

生1：$H_2O+SO_2+Ca（ClO）_2 == CaSO_3+2HClO$

生2：不对，应该发生氧化还原反应，生成$CaSO_4$和Cl^-。$H_2O+SO_2+ Ca^{2+}+ClO^- == CaSO_4+Cl^-+2H^+$。

师：如果将过量SO_2通入Ca（ClO）$_2$溶液中，如何写离子方程式？

生3：生成Ca（HSO_4）$_2$。

生4：不可能。Ca（HSO_4）$_2$是强电解质，完全电离，生成Ca^{2+}、H^+、SO_4^{2-}，结果还是$CaSO_4$。而且SO_2也不和$CaSO_4$反应啊！所以，反应方程式应该和上面一样。

生5：可是，当SO_2多了之后，酸性条件下，ClO^-能氧化生成的SO_4^{2-}也多了，产物应该是$CaSO_4$、SO_4^{2-}、Cl^-。

于是，学生又写出了如下反应式：$2H_2O+2SO_2+Ca^{2+}+2ClO^- == CaSO_4+2Cl^-+4H^++SO_4^{2-}$。

多有趣的思维大辩论啊！

案例9 （高三一轮复习课）化学反应速率

情境1 在$CaCO_3 + 2HCl == CaCl_2 + CO_2\uparrow + H_2O$反应中，请问有哪些方法可以测定并计算该反应的速率？

学生小组讨论，汇报。

生：①测定一定时间内气体生成的体积，$v(g) = \Delta V/\Delta t$；②测定一定时间内大理石消耗的质量（或物质的量），$v(s) = \Delta m/\Delta t$；③测定一定时间内pH的变化，表征H^+浓度的变化，$v(aq) = \Delta c/\Delta t$；从而可以推出$CaCl_2$生成的速率；④测定一定时间内反应热的变化。

生1：为什么溶液中的离子速率要用浓度变化表征，而不用物质的量变化？

生2：如果体积大小不同，物质的量变化大小并不能表示快慢。

生3：有浓度的液体或气体速率要用$\Delta c/\Delta t$来求算。

生4：为什么上述CO_2的速率不用$\Delta c/\Delta t$来求算？

生5：因为没有规定体积一定。只有体积确定才能算出气体浓度变化。

生6：这个反应，气体是放入大气，或者气体压强始终恒定，如果看气体浓度，是没有变化的，就无法通过浓度变化算速率。

生7：在工业合成氨反应里，大多数都是气体在密闭容器的反应，都用$\Delta c/\Delta t$来求算速率。

生8：其实，任何反应我们都可以尝试用物理量的变化来算速率，但是要结合具体的状态，也要看结果是否能反映反应的快慢。

看似简单的问题，其实到了高三，学生心中还留有原始的疑惑。

情境2 取4mL0.01mol/L酸性$KMnO_4$溶液于两试管中→加入2mL0.4mol/L草

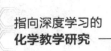

酸、振荡→开始计时→观察现象→（0.5min）停止计时→记录，请计算该反应中草酸的反应速率。

学生的经典错误：直接拿草酸浓度除以时间，或者直接拿$KMnO_4$浓度以时间。

最后，学生得出两种求算方法：（1）发现草酸过量，求出实际消耗的草酸量，然后除以溶液总体积和时间；（2）因为草酸过量，所以先求出$KMnO_4$的速率，然后转换成草酸的速率。

这个问题，高二上新课时让学生计算，超过一半的学生会掉进经典错误的陷阱，高三一轮复习，再拿出来算一次，1/3的学生仍然出错，连实验班的学生也有1/4出错，还有学生是先出错，后经过反思修改才做对。当翻开书本，看到高二时的笔记，出错的学生哭笑不得。

生1：我就知道这里有陷阱，我有印象的，居然还是错了！

师：反复出错的原因是什么？

生2：不是不仔细，还是心中的概念不严谨。

师：下次如何做到严谨？

生3：如何计算一个化学反应的速率？哪些地方容易出错？要应对高考，不仅要熟练掌握公式，更要能精准看出公式在各种情境中可能出错的地方。

情境3 甲酸甲酯水解反应方程式为：$HCOOCH_3（1）+H_2O（1）$ $HCOOH（1）+CH_3OH（1）$（反应过程中体积变化忽略不计）。甲酸甲酯的反应速率如图5-6所示。

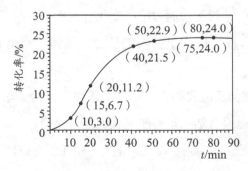

图5-6 甲酸甲酯的反应速率

（1）根据上述条件，计算不同时间范围内甲酸甲酯的平均反应速率，结果见表5-6：

表5-6　不同时间范围内甲酸甲酯的平均反应速率表

反应时间范围/min	0～5	10～15	20～25	30～35	40～45	50～55	75～80
平均反应速率/10^{-3} mol·min^{-1}	1.9	7.4	7.8	4.4	1.6	0.8	0.0

（2）依据以上数据，写出该反应的反应速率在不同阶段的变化规律及其原因。

参考答案：（2）该反应中甲酸具有催化作用。①反应初期：虽然甲酸甲酯的量较大，但甲酸量很小，催化效果不明显，反应速率较慢。②反应中期：甲酸量逐渐增多，催化效果显著，反应速率明显增大。③反应后期：甲酸量增加到一定程度后，浓度对反应速率的影响成主导因素，特别是逆反应速率的增大，使总反应速率逐渐减小，直至为零。

这也是一个学生容易反复出错的高考题。

生1：居然是催化剂，这也太难想了吧？

师：难想也要面对，究竟该怎么想呢？

生2：这个反应速率变化和课本上Mn^{2+}自催化草酸与高锰酸钾的反应速率图像很像，都是一段时间后突跃，可以类比。

师：很好，善于发现规律。但是，这个题是2005年高考题，当时的学生没学过我们现行教材，没见过这个图，请问他们当年是怎么想出来的？

生3：（第一次做对的学生代表）很难一眼看出来。干脆用排除法，将影响反应速率的因素一个个列出来，一个个对照，因为都是纯液体，没有固体接触表面积问题、压强问题，也没有浓度变化问题，发现可能是催化剂，但该反应又没有加催化剂，那只能是自己生成的某种产物催化了该反应，图像刚好是在反应了一段时间之后反应速率大幅度提高。

对于这样的解释，学生非常信服！

案例10 （高三二轮复习课）小盐酸，大问题

——关于工艺流程的分析方法

铬是一种银白色的金属，化学性质稳定，常用于金属加工、电镀等行业中。工业上以铬铁矿［主要成分是$Fe(CrO_2)_2$］为原料冶炼铬及获得强氧化性$Na_2Cr_2O_7$，其工艺流程如图5-7所示。

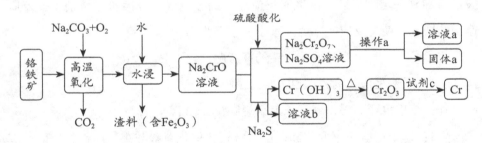

图5-7　冶炼铬的工艺流程

已知：高温氧化时发生反应 $Fe(CrO_2)_2+Na_2CO_3+O_2 \longrightarrow Na_2CrO_2+Fe_2O_3+CO_2$（未配平）。

问题：酸化过程中，不选用盐酸的原因是＿＿＿＿＿＿＿＿＿＿。

生1：因为盐酸有挥发性，这样回答对吗？

生2：盐酸有挥发性，这是事实，但还要关注有无其他的主要因素。

生1：但怎么能想到其他因素呢？

生2：盐酸与硫酸的共性是酸性，但还有差异性，即还原性、挥发性，对比起来，引起铬酸钠变成铬离子，而无法得到重铬酸钠，并产生有毒气体

Cl_2，这才是更严重的问题。

生3：我的答案是因为盐酸参与反应会生成氯化钠，使后面分离困难。

生4：盐酸作还原剂，能生成氯化钠吗？

生5：能，因为盐酸既作还原剂，又起到酸的作用。

生6：即使有氯化钠，也不会造成最后分离困难，因为它和$Na_2Cr_2O_7$溶解度虽然都是随温度变化小，但有大约30克的差距。

生5：但是，这是个氧化还原反应，更重要的是铬酸钠与盐酸反应，都无法生成目标产物重铬酸钠。所以，没必要考虑到后面的分离问题。

师：非常好！工艺流程问题中的问题分析，既要注意考虑当下的变化，也要指向终极目标，综合考虑一个物质、一个步骤在流程中的作用。

案例11 （高三一轮复习课）关于沉淀产生的条件

这一直是学生的易错点，即$CaCO_3$存在的环境问题、强酸制弱酸问题。从而又衍生出一些类似或相关问题。于是，笔者设计出如下的一系列问题，看能否产生沉淀，产生什么沉淀。

情境1 CO_2通入$CaCl_2$溶液，能否产生沉淀？

生1：能，生成$CaCO_3$沉淀。

生2：不能，难道生成$CaCO_3$和盐酸？

生1：（恍然大悟）是哦，不可以。

问题1：CO_2和NH_3一起通入$CaCl_2$溶液，能产生沉淀吗？

生3：能。

追问1：$CaCO_3$沉淀需要在什么环境下存在？

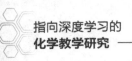

生4：碱性或中性，所以加NaOH也可以。

追问2：将SO_2通入$BaCl_2$溶液有沉淀产生吗？

生5：不能产生$BaSO_4$。

生6：当然不能产生$BaSO_4$，也不能产生$BaSO_3$。

（学生不容易将SO_2与CO_2类比、将$BaCl_2$与$CaCl_2$类比、将$BaSO_3$与$CaCO_3$类比，因此要进一步落实类比的方法。）

追问3：要加入什么才能产生沉淀呢？

生7：也要加碱，如NH_3或NaOH。

生8：还可以加氧化剂，氧化生成$BaSO_4$。所以，加O_2、H_2O_2、Cl_2也可以。

但是只有少数同学想到，还可以加氧化剂，因为SO_2与CO_2、$BaSO_3$与$CaCO_3$除了相似性，还有差异性，即还原性。

追问4：请思考下列水溶液体系是否有沉淀产生？有什么沉淀？SO_2+Ba（OH）$_2$；SO_2+$CaCl_2$+NH_3；SO_2+$CaCl_2$+O_2；SO_2+Ba（NO_3）$_2$。

情境2　CO_2+$CaCl_2$+NH_3的水溶液体系中，产生的沉淀是什么？

生1：$CaCO_3$。

追问：CO_2+NaCl+ NH_3的水溶液体系中，能产生沉淀吗？

生2：不能，因为Na_2CO_3易溶。

实验：发现有白色沉淀产生。很惊讶！

追问：请问是什么沉淀？（可以给学生提供NH_4Cl、Na_2CO_3、$NaHCO_3$、NaCl、NH_4HCO_3的溶解度数据）

生3：发现在常温下，$NaHCO_3$的溶解度最小，估计是$NaHCO_3$。

师：（和学生一起分析产生$NaHCO_3$的可能性，分析离子反应的本质，并通过实验验证）这就是著名的侯氏联合制碱法的原理，然后再分解至纯碱。

追问：为了尽量多地产生$NaHCO_3$，工业上需要采取哪些措施？

生4：用饱和NaCl溶液。

生5：先通NH_3，再通CO_2，尽可能多通入。

生6：调整温度让杂质尽量少。

提供如下表5-7数据信息，追问：反应温度要控制在30℃~35℃，请问为什么？

表5-7　盐、温度和溶解度的关系

溶解度　温度　盐	0℃	10℃	20℃	30℃	40℃	50℃	60℃	100℃
NaCl	35.7	35.8	36.0	36.3	36.6	37.0	37.3	39.8
NH$_4$HCO$_3$	11.9	15.8	21.0	27.0	—	—	—	—
NaHCO$_3$	6.9	8.1	9.6	11.1	12.7	14.5	16.4	—
NH$_4$Cl	29.4	33.3	37.2	41.4	45.8	50.4	55.3	77.3

生7：因为若高于35℃，则NH$_4$HCO$_3$易分解，若低于30℃，则NH$_4$Cl溶解度降低比较快，导致NaHCO$_3$不纯。

师：采用什么方法控制此温度？

生8：水浴加热。

案例12　（高三一轮复习课）关于离子方程式的书写

一、问题情境

（一）广州市创新人才实验班

问题情境：将SO$_2$气体通入澄清石灰水，请写出离子方程式。

学生表现：部分学生比较顺利地写出了先变浑浊、再变澄清的方程式。因为学生很容易联想到将CO$_2$通入澄清石灰水，迅速进行类比。

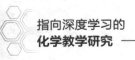

（二）南山班

问题情境：将SO_2气体通入$Ba(OH)_2$溶液，请写出离子方程式。

学生表现：大多数学生很快就写出$SO_2+Ba^{2+}+2OH^- \Longrightarrow BaSO_3\downarrow+H_2O$。几乎没有学生想到其他问题。当我追问"有没有其他不同做法"时，才有一个学生小声说："如果SO_2过量呢？"这时，我不再提示，让他们自己想，我要他们感受这个方法顿悟的过程。终于，有学生猜出来，当SO_2气体过量时，溶液又变澄清，$SO_2+BaSO_3+H_2O \Longrightarrow 2Ba^{2+}+2HSO_3^-$。当我问他们为什么这样做时，有学生说猜的，感觉到的。我又问："你敢肯定你的答案吗？为什么？"才有学生说："SO_2气体和CO_2气体一样是酸性氧化物，$Ba(OH)_2$溶液和澄清石灰水一样是强碱溶液，可以类比。"其他学生非常信服地点头。

虽然只是将澄清石灰水换成了$Ba(OH)_2$溶液，但是增强了问题的障碍性，对类比思想的应用层次更高，对于最优秀的学生来说，这样的思想是他们需要的。

二、问题追问

追问1：将CO_2气体通入$NaAlO_2$溶液，请写出离子方程式。

生1：生成氢氧化铝沉淀和CO_3^{2-}，但是若CO_2过量，生成氢氧化铝沉淀和HCO_3^-。

对于CO_2过量还是少量的问题，部分学生已经敢于大胆猜想反应的几种可能性，但有少数学生还是不能迁移。

追问2：是不是所有CO_2与强碱弱酸盐的反应，都少量生成CO_3^{2-}，过量生成HCO_3^-？

生2：不一定，比如苯酚钠$+CO_2\to$苯酚$+NaHCO_3$，无论CO_2的量是多是少，产物都是$NaHCO_3$，原因是碱性：$NaHCO_3<$苯酚钠$<$碳酸钠。

追问3：若将SO_2气体通入苯酚钠溶液呢？方程式有区别吗？

生3：这个，不能随便类比，要根据亚硫酸和苯酚的电离平衡常数重新预测产物的生成。

案例13　（高三二轮复习课）关于离子方程式书写中的拆与不拆问题

（全省创新人才实验班）5月，在二轮复习的时候，有学生问我："老师，HCl气体通入NaOH溶液中，书写离子方程式，HCl拆不拆？"

我被学生的问题吓到了！马上要高考了，这么基础的问题还没掌握！所以，必须给他们彻底辨析清楚。

提问：将盐酸滴入NaOH溶液中，书写离子方程式，HCl拆不拆？

生：（很肯定地异口同声地回答）拆！

由此，我意识到，自己的离子方程式教学可能存在本质缺失的问题。于是，之后的教学，我进行了如下提问：①HCl气体通入NaOH溶液中，HCl拆不拆？（学生很疑惑，多数认为不拆）②NaOH固体投入盐酸中，NaOH拆不拆？（学生很疑惑，一半认为不拆）③盐酸滴入NaOH溶液中，HCl拆不拆？（学生很肯定，要拆，但是变得更疑惑了）

师：请大家认真想一想，上面三个方程式，到底谁拆谁不拆？

学生仍然比较迷惑，因为以前写酸碱中和反应，都只写过$H^+ + OH^- \Longrightarrow H_2O$。但是，现在，为什么状态变了又不敢确定了呢？

生1：上面三个体系书写的离子方程式应该是一样的。

生2：但是HCl气体和NaOH固体中没有离子啊！

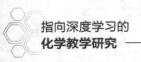

生3：那就说明，不是按照混合前的状态来确定微粒种类。

生4：写入离子方程式中的物质，应该是在溶液中大量存在并实际发生反应的物质。

追问1：请写出下列离子方程式，并解释拆与不拆的原因，Na_2CO_3与盐酸反应。

生5：都拆，因为是强电解质。

生6：不管是固体还是溶液，与盐酸混合后，都电离出离子参与反应。Na_2CO_3与盐酸在溶液中全都以离子形态存在。

追问2：$CaCO_3$与醋酸反应呢？

生7：HAc不拆，因为它是弱电解质。

生8：本质是HAc虽然极易溶于水，但因为是弱电解质，所以在溶液中的存在形态主要是分子，而不是离子。

追问3：$CaCO_3$与盐酸反应呢？

生9：$CaCO_3$不拆，因为难溶。

生10：本质是$CaCO_3$虽然是强电解质，但它难溶，所以它在溶液中的存在形态不是离子，不能拆。

追问4：Na_2O与盐酸反应呢？

生11：Na_2O不拆，因为是氧化物。

追问5：Na_2O既易溶，又是强电解质，为什么不能拆？

生12：因为Na_2O溶于水会发生变化，以离子形态存在，但真正参与反应的是Na_2O本身。相当于Na_2O+H_2O、$NaOH+HCl$，两个反应的加和。

追问6：请书写如下反应的离子方程式：澄清石灰水与盐酸反应、石灰乳与盐酸反应（微溶物拆与不拆的问题）、浓硫酸与铜反应、浓硝酸与铜反应（浓氧化剂拆与不拆的问题）。

以上拆不拆的本质，都是看该物质在水中究竟以什么形态存在，以什么形态参与反应，而不应该去死记哪些类别的物质拆或不拆，这样，就不会导致二轮时出现最开始的问题。

　　另外，由于做了太多的模拟题，学生往往没有精力梳理基本概念，再加上考前的急躁和焦虑，导致二轮复习时常常会出现基础错误，教师要耐心引导学生去思考问题的本源。比如同样是高考前的5月份，南山班的学生居然问我："pH=3的酸与pH=11的碱等体积混合，溶液呈酸性，为什么生成的盐是弱酸强碱盐？不是强酸弱碱盐才显酸性吗？"不是他们不厉害，但此时出现了概念的混乱是很紧张和焦虑的，因此，我安慰他们，不要担心，大家的知识结构是很完整的，只是有少许缺漏，我和他们一起来寻找这个问题的症结，就是所给条件是pH，即同浓度的H^+、OH^-，而不是同浓度的溶质。分析之后，学生也哑然失笑，怎么会这么着急？怎么会出现这样的错误？

第六章

指向深度学习的
学习品质培养

在化学学习中，我们经常会碰到这种现象：有一批学生，聪慧好学、基础扎实，可考试成绩难以进入最优生的行列。每每分析这些学生的考试答卷，都会发现有那么几分总是经常性地丢失，而他们考后经过简单点拨、同学间交流或拿起答案又恍然大悟。他们总是说，这些知识并非不懂，而是在限时考试紧张的压力之下，要么审题不仔细、要么是某些问题的一丝含糊，一念之差就陷入命题者设好的陷阱而出错，而这几分就恰恰是他们与最优生的一步之遥，这种差距通过高中几年的大量训练、讲评、反思、矫正都未必能够跨越。这一步之遥，正是他们跨入最优行列的瓶颈，学生自身和老师都倍感困惑，甚至束手无策。

面对这种现象，帮助他们走好向顶尖优生跨越的关键一步，突破这种学习上的瓶颈，意义非凡。目的是希望通过优生的培养来探索要实现有深度的学习、成为稳定的成绩优异的学生，究竟需要具备怎样的能力和品质。

暂时，我们把这类成绩较普通的同学，但又与顶尖优生稍有差距的学生称之为普通优生，与之对应的思维能力强、考试成绩持久拔尖的称之为顶尖优生。笔者调查比对了两届高三所教班级的16名顶尖优生和18名普通优生，得出以下具有共性的差异点，期望通过比较，分析差距、寻找对策，扩大资优生的群体，使更多的学生能够提升学习品质，获得深度学习的体验，逐步提升深度学习的能力。

第一节　资优生的学习品质特征与提升策略

一、化学普通优生与顶尖优生（资优生）的学习方式与学习行为差异对比（见表6-1）

表6-1　化学普通优生与顶尖优生的学习方式与学习行为差异对比

		普通优生	顶尖优生（资优生）
如何应对课堂	课前准备	主动预习，大部分内容已基本理解	主动超前预习，绝大多数内容已弄懂，留有少许疑问
	课堂听课	基本理解，但对问题缺乏多角度的立体思考，时常经不起老师的"提问"	思维活跃，对比老师分析问题的思路与自己的不同，时常提出新的见解或疑问
课后学习	课后作业	认真完成作业，并主动询问老师同学，直到完全弄懂	认真完成作业，反思问题本质，甚至举一反三
	课外拓展	考前会自觉复习已学知识	时常做总结归纳，5名同学学过部分大学化学
在实验室做实验		喜欢做，能认真按照步骤去完成实验，得出应有的现象，很关心实验得出的结论	特别喜欢，能按照要求的步骤做，但时常会改变一些实验，出现一些意外的现象，课后还会自己去查阅资料进行佐证
在班级概况		是总分优生，有其他强科，化学不算最好，有时给其他同学解答化学难题	其中7人一直或曾经担任化学科代表，是班级化学学习的领袖，经常给同学们答疑，甚至可以给全班讲题
对大学专业的选择		各专业都有，与自己的优势学科有关	6人报考大学化学专业，对化学的兴趣极为浓厚

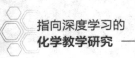

二、化学资优生的学习品质分析

在人力资源可持续发展受到广泛重视的背景下，"学习品质" 被认为是当今儿童学习与发展中 "最难理解、最难研究，可能也是最重要的" 方面。[①]由此，学习品质成为近年来国外基础教育研究和相关研究的重要问题与热点话题。

（一）学习品质的内涵[②]

2012年，我国颁布的《3—6岁儿童学习与发展指南》（以下简称《指南》）明确提出学习品质是"积极态度和良好行为倾向"。由于对学习品质概念理解的视角不同，研究者对其进行了不同的界定。很多学者将学习品质看成一种学习态度、学习习惯等学习素养。李季湄教授在解读《指南》时提出学习品质是指幼儿学习的倾向、态度、行为习惯、方法、活动方式等与学习密切相关的基本素质，是在早期开始形成与发展，并对幼儿现在与将来的学习都具有重要影响的基本素质。[③]冯晓霞将学习品质界定为儿童所具有的用于支持其学习成功的因素。[④]鄢超云也对此表达了自己的观点，提出学习品质并不是作为一个单独的领域存在于幼儿的学习与发展中，而是渗透在健康、语言、

① Kagan S L, Moore E, Bredekamp S. Reconsidering children's early development and learning: Toward common views and vocabulary［M］. Washington, DC: U.S. Government Printing Office, 1995.

② 黄爽，霍力岩，房阳洋. 国外学习品质的本质与结构研究进展［J］. 比较教育研究，2019（4）：106-112.

③ 孟田. 深入解读《3-6岁儿童学习与发展指南》：广东教育学会学前教育专委会2012年会李季湄教授专题讲座侧记［J］. 教育导刊，2013（1）：8-11.

④ 王宝华，冯晓霞，肖树娟，等. 家庭社会经济地位与儿童学习品质及入学认知准备之间的关系［J］. 学前教育研究，2010（4）：3-9.

社会、科学、艺术五大领域的学习与发展之中。^①还有学者在研究了国外与学习品质相关内容后提出，美国华盛顿州《早期儿童学习与发展基准》中对于学习品质的解释最具代表性："学习品质是指能反映儿童自己以多种方式进行学习的倾向、态度、习惯、风格等，它不是指儿童所要获得的那些技能、知识，而是指儿童自己怎样使自己去获得各种各样的技能。"^②有学者认为学习品质等同于学习心理品质。郑秉泖提出学习品质作为学习教育的基本内容之一，其含义是以什么样的精神和态度从事学习，是决定学习行为倾向性和独特性的心理素质，是思想品质、非智力因素在学习活动中的表现。^③由于研究者对学习品质主要构成的理解不同，所以学习品质的主要内容目前还没有形成统一的标准。有学者将学习品质的主要内容划分为五个方面，如鄢超云介绍了NEGP所提出的关于学习品质的主要内容，具体包括五个方面：好奇心与兴趣、主动性、坚持与注意、创造与发明、反思与解释。^④也有学者采用六分法对学习品质的主要内容进行了划分，如庄甜甜、郭力平通过分析研究美国各州的早期儿童学习标准中关于"学习品质"的内容，发现各州有关"学习品质"的内容，既存在一定的差异，但也有很多的相似之处，其中最主要的关键词是：坚持性、好奇心、主动性、创造力、问题解决能力和反思。^⑤在此，我们借助美国各州的早期儿童学习标准提出的学习品质六要素，来分析

---

① 鄢超云，魏婷.《3—6岁儿童学习与发展指南》中的学习品质解读 [J]. 幼儿教育，2013（18）：1—5.

② 刘圆圆，杨宁. 对《3—6岁儿童学习与发展指南》中"学习品质"的理解与思考 [J]. 教育导刊（下半月），2014（2）：11—15.

③ 郑秉泖. 论学习教育 [M]. 天津：天津社会科学出版社，1996.

④ 鄢超云. 学习品质：美国儿童入学准备的一个新领域 [J]. 学前教育研究，2009（4）：9—12.

⑤ 庄甜甜，郭力平. 对美国早期儿童学习标准中"学习品质"领域的分析研究 [J]. 早期教育（教师版），2010（3）：20—23.

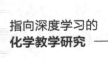

资优生的化学学习品质特征，并提出培养的策略。

（二）化学资优生的学习品质特征

从上述化学普通优生与顶尖优生的学习方式与学习行为差异来看，尽管普通优生的各项学习行为、态度与能力也都属于上乘，但是，从学习品质的这六个方面来看，仍然与顶尖优生有明显的差距。因此，这六种学习品质就是我们提高普通优生并使他们转变为顶尖优生的突破口。具体表现为：对未知的化学知识怀有强烈的好奇心，驱使他们对化学具有浓厚的兴趣，愿意主动探索；具有良好的化学基础和意志品质，能灵活解决化学问题，执着地探索未知问题，并持之以恒，在自身的学习条件之内有一定的创造性；能经常反思与总结自己的化学知识、化学学习方法，并愿意和大家交流分享。

这样看来，与其说考出好成绩的学生是顶尖优生，不如说因为他们具有很高的化学学习热情和学科素养，具有优秀的学习品质，所以，他们能稳定地考出优异的成绩。

因此，培养化学顶尖优生，将一般优生转变为顶尖优生，就要跳出仅用考试成绩评价、用考试促学的固有思想，从培养学生的基本学科素养和学习热情入手。

三、化学资优生的学习品质提升探索——以高三资优生的学习品质提升为例

笔者从两届高三学生中，挑选了18个普通优生作为研究对象，从以下四个方面对他们进行了化学学习的指导和学习品质的提升探索。

（一）加强对事实性知识的理论探寻

一般优生的知识量并不少，该记的东西基本都已记住，知识网络也比较完整。他们掌握的知识主要以事实性知识为主，而这些事实性知识从何而来、彼此之间有哪些关系则是他们的薄弱环节。因此，我对他们提出的要求是：拒绝死记硬背，凡事多问个为什么。

例如：进行气体除杂教学时，可以连续进行以下提问。

师：用Zn和稀盐酸制备的H_2中含有HCl，用什么试剂除去？为什么？

生：用H_2O。因为HCl极易溶于水，H_2难溶于水。

师：用$CaCO_3$和稀盐酸制备的CO_2中含有HCl，用什么除去？为什么？

生：用饱和$NaHCO_3$溶液。因为HCl可以和$NaHCO_3$反应生成CO_2，不引入新的杂质；而且CO_2难溶于饱和$NaHCO_3$溶液。

师：为何CO_2难溶于饱和$NaHCO_3$溶液？

生：因为饱和$NaHCO_3$溶液中HCO_3^-多。

师：这样说很不清楚。请找到解释这个问题的工具。

生1：用CO_2的溶解平衡这个工具。$CO_2（g）+H_2O（l）\rightleftharpoons H_2CO_3 \rightleftharpoons H^+（aq）+HCO_3^-（aq）$。

生2：饱和$NaHCO_3$溶液中HCO_3^-饱和，抑制平衡向右移动，抑制CO_2溶解。

生3：说饱和$NaHCO_3$溶液中HCO_3^-多或饱和都不科学，应该说浓度大。

师：好，请大家再想办法，如何除去SO_2中的HCl？如何除去Cl_2中的HCl，如何解释？用溶解平衡的工具解释。

生1：以此类推，用饱和$NaHSO_3$溶液除去SO_2中的HCl。用饱和食盐水除去Cl_2中的HCl时，既然食盐水已饱和，HCl还能溶解其中吗？

生2：是啊！饱和食盐水中Cl^-浓度大，是否会抑制HCl的溶解？

生3：HCl极易溶于水，可以认为没有CO_2那样的溶解平衡。

师：任何易溶的物质，溶解都是有限度和平衡的，只是饱和食盐水中Cl^-浓度不大，对HCl的溶解影响不大。

生4：既然饱和食盐水应该有溶解平衡，那么HCl溶于饱和食盐水，对食盐水有影响吗？

生5：是啊！Cl^-浓度增大，饱和食盐水中会产生白色晶体。

师：这又应该用什么工具解释？

生1：用NaCl的溶解平衡来解释。因为通入HCl，溶液中$c（Cl^-）$增大，

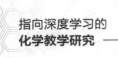
NaCl溶解平衡向左移动，NaCl会析出。

生2：那么，增加c（Na^+）能使沉淀产生吗？比如，滴加浓$NaNO_3$溶液。

生3：应该可以，因为只要能使c（Na^+）或c（Cl^-）增大，都可以使NaCl溶解平衡左移。

生1：我想问，既然只要c（Cl^-）大就可以抑制Cl_2的溶解，那我们为什么要选择饱和食盐水除去Cl_2中的HCl，岂不是可以有很多选择？

生2：是啊！比如KCl、$CaCl_2$、$MgCl_2$都可以，c（Cl^-）还比饱和食盐水中的大。

生：但是食盐便宜啊！

师：你们想得很深刻，太棒了！

经过这样的探讨，学生真的学会了用溶解平衡这个工具来解决沉淀问题，久而久之就会形成将理论工具与实际的成本等问题相联系的思维习惯。我们不难发现，如果不是找到了沉淀溶解平衡这个理论工具，学生对上述知识的学习将一直停留在记忆的层面，很容易遗忘。这样不仅削弱了事实性知识的学习，也大大降低了理论工具学习的价值。在后续问题的探讨上，我特意关注了普通优生的表达，当他们发现自己可以用理论来解释事实性知识时，学习的成就感大大提升，为自己可以站在理论的高度学化学感到非常开心。而之前，他们常认为化学是靠记忆才能学好的学科。这样的探寻对培养学生的坚持性、好奇心、问题解决能力尤为重要。

（二）尝试对理论性知识的实验探索

高三的复习紧张枯燥，做题几乎成了唯一的学习方式和高三生活的全部内容。而这些一般优生经历了成百上千次的考试，完成了千道万道考题却不能实现成绩的突破飞跃，积极性难免下降。于是，我想将易错的或有疑问的、感兴趣的习题变成化学实验让他们自己到实验室动手做一做，期望充分发挥化学实验的魅力，突破普通优生成长的瓶颈。例如，盐类的强烈双水解，现象非常刺激，但学生一直是在纸上谈兵，不是很明白为何有的发生强烈双水解，有的不能。于是，我设计了两个实验：明矾溶液和$NaHCO_3$溶液反应（泡沫灭火器的反应原理）、$FeCl_3$溶液和Na_2S溶液反应。让学生自己用固体配制溶液，亲自感受结晶水合物的表面特征与书本描述的差异，仔细看看$NaHCO_3$、$FeCl_3$、Na_2S固体，自行观察$FeCl_3$的水解，并且想办法抑制水解。当学生亲眼见到明矾溶液和$NaHCO_3$溶液反应现象如此热闹时，非常兴奋。而$FeCl_3$溶液和Na_2S溶液的反应，大家看到的现象却不尽相同，有的同学实验产生灰黑色沉淀，有的产生浅黄色沉淀。究竟是什么原因呢？于是，笔者让同学们尝试控制滴加的顺序和用量，最终讨论出现象的不同是量的不同造成的。当$FeCl_3$过量时会生成Fe^{2+}和$S\downarrow$，当Na_2S过量时会生成$FeS\downarrow$和$S\downarrow$。然后，在实验现象的基础上对比两个反应的原理，学生印象更深刻。

又如，学生都知道Fe^{3+}的水解非常重要，但是并不善于应用在各种情境中。于是，我让学生自己配制硫酸铁溶液和氯化铁溶液，然后持续加热。这个实验留给学生极其深刻的印象：①同样是铁盐，硫酸铁是白色的，在水中溶解速率很慢，氯化铁是棕黄色的，非常容易吸水，仅仅是固体都有很大的差异；②加热氯化铁溶液能很快看到先产生胶体，然后生成大量的红棕色沉淀，加热硫酸铁溶液只能看到极少的沉淀。之后，将铝片投入未经酸化的氯化铁溶液中，产生气泡的同时，溶液由棕黄色变为浅绿色，原来，铝不是先和浓度大、氧化性强的Fe^{3+}反应完后再与水解生成的H^+反应，而是同步进行，所以，化学学习不能只停留在简单的习题层面，可以通过实验探求更深层次的东西。

这些实验不仅大大提高了学生对化学学科的兴趣，还增强了他们挑战难题的信心和勇气。更重要的是，渗透了一些化学基本观念和素养，如量的观念、微粒的观念、控制条件的观念等。这种实验探索正好能契合顶尖优生学习品质的六个特征。

（三）激发自我学习的潜能和自信

我们常说，做十道题不如讲清楚一道题。讲对、讲好一道题是知识储

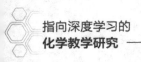
备、逻辑思维、辨析能力、表达能力等综合素质的体现。所以，越是难题、越是蕴含多层次知识之间联系的问题，越是应该留出充足时间让学生来讲。我需要他们口头讲出来，讲出自己的思维过程和存在的疑问，让隐性的思维显性化。那么，大家就可以通过他们暴露的思维过程，帮助寻找薄弱环节。也可以让他们担任全班同学的化学小老师，给同学们讲题解惑，而这个责任和荣誉之前一直是顶尖优生在承担。这些同学越讲越优秀，不仅是自己的学习，连全班化学成绩的好坏，都牵动他的责任感。我们希望普通优生与顶尖优生共同分担责任，变得和顶尖优生一样优秀，甚至成为他们强劲的对手。

例如，根据溶解度特征产生结晶的问题是近年来高考的热门考点，也是高考难点。选修五书本上有个苯甲酸重结晶实验，我们拓展应用一下，让学生用$NaNO_3$和KCl固体制备KNO_3，这个超越传统认识的复分解反应实验给学生的震撼非常大，帮助他们深刻理解利用溶解度的差异进行物质分离的原理。我让普通优生先设计方案、在实验室亲自做过、又修改了方案，然后设计成问题来给其他同学做，并且通过做题和讲题让同学们理解每一步实验操作的原因，然后再带领大家去实验室做，甚至下次还能设计其他类似的实验。以下是他们设计的问题：

（1）回顾选修五苯甲酸重结晶的实验。粗的苯甲酸晶体中含有$NaCl$和沙子，请分析原实验中各步操作，回答下列问题：①苯甲酸、$NaCl$和沙子溶解性的差异有哪些？（沙子不溶于水；苯甲酸常温下微溶，受热溶解度不断增大，95℃时易溶，随温度升高溶解度增大；$NaCl$常温下易溶，受温度影响不大）②将粗的苯甲酸晶体加热溶解后，所得溶液有何特征？（是苯甲酸的热浓溶液，$NaCl$溶解了，沙子没溶解）③为何要趁热过滤？（除掉沙子，但要防止苯甲酸因冷却而析出）

（2）（提供KNO_3、$NaCl$、$NaNO_3$、KCl四种物质在不同温度下的溶解度数据表）根据KNO_3和$NaCl$的溶解度受温度影响的特点回答下列问题：①KNO_3和$NaCl$的溶解度曲线各有何特征？②0℃时，200g水中溶解了

170gKNO₃和30gNaCl，若蒸发到100℃，失去了100g水，再降温到0℃时，溶液会发生什么变化？（KNO₃析出150g，还剩20g在溶液中，NaCl不会析出，这样可以获得较纯的KNO₃）③0℃时，200g水中溶解了20gKNO₃和60gNaCl，若蒸发到100℃，失去了100g水，溶液会发生什么变化？（NaCl析出20g，KNO₃不会析出）这样可以获得较纯的NaCl。④若大量的KNO₃和NaCl混合在一起，应该如何分离？请画出流程图。

（3）请分析KNO₃、NaNO₃、KCl、NaCl四种物质在不同温度下的溶解度特征，请问用NaNO₃和KCl能制备KNO₃吗？为什么？（给学生提供四种物质溶解度数据表）

一个问题，他们可以挖掘得如此深入，给大家展现得如此明晰。充分激发他们的学习潜能，增强他们的自信心，他们完全可以胜任化学小老师的角色，向顶尖优生行列迈进。

（四）催化对自我学习行为的反思与监控

根据元认知理论，如果学生具有较高的自我认知和调控水平，就能有效地对自己的学习过程进行监控、调节，能够提高学习的效率。元认知在学习活动中具有重要的作用，是因为它具有两个重要的功能：①意识性。能使学习者明确知道自己在干什么、干得怎样、进展如何。②调控性。使学习者能随时根据自己对认知活动的认知，不断做出调节、改进和完善，使认知活动能有效地向目标逼近。[1]这正好契合了高三复习课的目标、功能，也正是普通优生向顶尖优生转变所必须具备的学习品质。

因此，在教学实际中，我们尝试从多个角度引导普通优生进行自我反思，培养反思习惯，自觉进行反思。①进行元认知理论的培训，让他们意识到自我意识和主观调控的重要性。②通过各种途径让他们暴露思维过程，让

---

[1] 杜晓新，冯震.元认知与学习策略［M］.北京：人民教育出版社，1999.

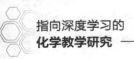

隐性的思维显性化，看到自己思维的不足，再进行归因、分析、矫正。③加强一般优生与顶尖优生的交流，比如两队同做一道题，然后同讲一道题，互相评价，大家找差别、共提高。④引导学生主动养成自我纠错习惯，克服"等答案、靠老师"的思维惰性。如考试之后，先不给答案、不做讲评，让他们自己将答卷上的错题重做一遍，然后几人一组，互相交流，优化思维过程，找到正确答案和较佳解法，确定错误原因与今后避免错误的对策。⑤定时定期交流复习心得，每个人分享自己近期的复习中最有效的措施和最值得推崇的做法，互相借鉴。

经过一年的努力，这些学生在高三化学学习中一直有非常高的热情，他们发现了化学的可爱之处，成为真正爱化学的人，在高三下学期的几次模拟考试中大都考出了优异的成绩，高考理综成绩有8人特别满意。同时，他们的学习热情也带动了班级其他同学。在这种热情与进步中，老师和学生一起成长。

第二节　元认知学习策略及培养

在实际的教学过程中，教师会发现，有些同学的化学越学越好，有些同学看起来非常努力，听课、做作业都很认真，还花了很多时间做错题集，但是学习成绩总不见起色。资优生越学越轻松的秘诀是什么？是他们学会了如何学化学，这种对如何学习化学的过程方法的领悟，指向了一种重要的学习理论，即元认知。

一、元认知及其教学意义

元认知就是对认知的认知。高中生化学问题解决中的元认知能力，指的是高中生在解决化学问题的过程中，将自己解决化学问题的过程作为意识对象，对它进行计划、监控、调节和评价的能力。[①]元认知对于发展学生的化学学习能力、教会学生如何学习化学、教会学生如何解决化学问题，具有重要的意义。

因此，化学教师要着力通过日常教学的各个环节培养学生的元认知能力。培养学生的元认知能力包含以下几个环节：对学生进行元认知知识的培训；监测学生的元认知水平；反馈学生的元认知水平，帮助其进行优化和调

---

① 蒋艳旻，郑春花，杨国斌，吴星. 初中生化学问题解决中元认知水平量表的设计 [J]. 化学教育，2006（2）：22-24.

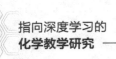

节。而做到这几个环节的前提是，要有明确的可供师生学习的元认知结构体系，作为元认知能力培养的目标依据和监测手段。

二、元认知水平量表的研究基础

查询前人做过的元认知水平监测方法，大约有三类：第一类是以J.H.Flavell、董奇等为代表的认知心理学的研究人员所做的研究，如以文段材料为学习对象，通过检测学生对文段阅读的意识、计划、回忆情况等，来分析学生的元认知水平；第二类是以 Claire E. Weinstein 、张向葵等为代表的学者编制的LASSI-H等学习策略量表，这些量表中的重要指标就是计划、监控、调节、时间管理等策略，这都是元认知策略的重要组成部分，这些量表在检测中学生学习策略方面被广泛使用；第三类是数学、物理、化学等学科的教学研究人员所编制的元认知水平量表，如蒋艳旻等提出了初中生化学问题解决中元认知水平量表的结构，并编制了50个问题，茆洪浦编制的22个问题的学生元认知水平量表，这些量表经过调查分析都具有较好的信度和效度。第一、二类量表测量的是学生一般元认知能力，不能准确地获知其在化学学科的学习情况。第三类量表也有明显的缺陷，如"我会回想起和这个问题相关的信息"[①] "在解答一道化学问题的过程中，对每一步骤所得出的结果，我都不能准确知道该结果对下一步的作用"[②] "思考一下，能回忆起自己在解题中常常忘记哪些事情吗？"[③]这些设问共同的缺陷是没有学科特色，更没有内容特色，而在化学领域里，无机、原理、有机内容有很大区别，学生

---

① 岳生辉.中学生化学问题解决中的元认知能力的测查研究［D］.兰州：西北师范大学，2017.

② 茆洪浦.学生元认知水平量表的设计［J］.化学教育，2000（2）：17-19.

③ 程俊.用元认知监控策略提升复习课的有效性：以《有机化学基础》复习课为例［J］.中学化学教学参考，2015（1）：43-45.

的学习方法和策略也是差异很大，用一份放之各科而皆准的普适性问卷，去检测学生在各个阶段的元认知水平，如何有效？并且有些问题没有针对性，让学生无从回答。同时，元认知学习策略与其他关注结果的学习策略不同，元认知策略注重从过程的角度深入分析学习过程，特别是该过程中主体积极监控调节自身学习活动的思维过程。这样的过程仅仅依靠选择题，无法真正测查，需要借助多重手段。当然，这样的测查针对学生学习行为、学习习惯的改善可以起到一定的作用。

三、化学学习元认知水平量表的编制与应用

根据第一章关于元认知理论的阐述，根据以上文献分析，可以总结出，化学问题解决中的元认知水平量表应该有以下几个特征：①能包含元认知策略的完整结构成分；②能测查出学生的常规化学学习习惯，又有利于当下具体问题的学习与指导；③问题具体化，有利于主体具体感知自己过程的监控和调节；④简约易操作、学生易回答，有利于多次测查、反复印证；⑤将选择性问卷与访谈、口语报告相结合，有利于对学习状况的深入了解。

下面以选修阶段化学反应速率的问题解决为例，展示量表的编制和试测过程。

量表分为三部分，第一部分是真实问题的呈现和解答，第二部分是关于该问题解答过程中对元认知知识和元认知监控的测查，采取主观问卷访谈或口语报告的方式，第三部分测查学生基本的元认知策略。第一部分问题的解决，有利于学生在第二部分马上回忆自己整个的解决过程，并引起对解决策略的反思。第一、二部分适合少数样本的抽测，两部分是一个完整的整体，第三部分适合大样本的测查，三部分结合，互为补充，有利于进行完整的、客观的元认知水平分析。

卡片一：任务呈现

1.1在锥形瓶内盛6.5g锌粒，加入40mL2.5 mol·L^{-1}的硫酸，10s时恰好收

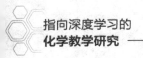

集到标况下44.8mL的H_2。请计算该反应的速率（忽略锥形瓶溶液体积的变化）。请写出简要的解答过程，有几种解法就写几种解法。（时间8分钟）

卡片二：访谈或口语报告

2.1刚读完这个题目时，你有多大把握能做出来？为什么？

2.2请把你想到的每一个念头按时间顺序用箭头呈现出来。

2.3你觉得解决这个问题需要调用哪些已学知识？你知道它们和化学反应速率的关系吗？

2.4你觉得这个问题与你之前做过的计算化学反应速率的问题有何不同？

2.5你遇到的困难是什么？你做了怎样的调整？

2.6你的时间主要花在哪里？觉得时间使用恰当吗？

2.7你觉得你的解决方法是对的吗？

2.8当你遇到一道你不熟悉的化学问题时，你一般怎么办?这些措施对于解答有帮助吗？

卡片三：选择型问卷

3.1我对化学学习有兴趣。

3.2遇到生活中一些化学现象或与化学相关的问题，会引发我的思考。

3.3我对自己解决各类化学问题的能力比较自信。

3.4我的心中有各部分已学化学知识的网络图。

3.5课堂上，我能对照老师的思路，寻找自己的不足或思维优势。

3.6当我发现自己的化学学习效率不高时，会主动寻找原因、改进学习方法。

3.7若有时间的话，我常对做过的典型问题反思为什么用这种解法求解，不这样做行不行。

3.8我经常自觉地回顾错题，并对错误原因进行分析。

3.9 我能回忆起自己在解题过程中常犯的错误。

3.10对于解题中常犯的错误，我已采取一定措施使自己慢慢改进。

3.11做过的错题，当时改正就行了，我基本不会再看。

3.12对做错的问题及同类型问题，我下次再做不会再错。

3.13我清楚地知道，以我现在的水平，最不善于解答哪些化学问题。

3.14我清楚地知道，以我现在的水平，最善于解答哪些化学问题。

3.15我经常帮同学们解答化学问题。

用Likert5点量表进行评定，从"非常符合"到"非常不符合"分别用数字5~1表示（5代表最高，1代表最低）。得分越高，表明学生的化学元认知水平越高。为了确保问卷的有效性，设置了1个测谎问题，看学生是否认真对待测查。正向题分别给予5、4、3、2、1不同的分值，反向题给予1、2、3、4、5不同的分值。

表6-2是元认知量表结构及各因素包含的题项。

表6-2 元认知量表结构及各因素包含的题项

	维度	题项
元认知知识	对认知主体的认知	3.1、3.2、3.3、3.4、3.5
	对认知材料和任务的认知	2.1、2.4、3.4
	对认知策略的认知	2.3、2.7、3.8、3.13、3.14
元认知监控	制订计划	2.6、3.5、3.6、3.12
	实际控制	2.2、2.5、3.10、3.12
	检查结果	3.5、3.9、3.13、3.14
	补救措施	2.5、2.8、3.6、3.8、3.10、3.11、3.12

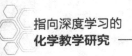

第三节 学生元认知监控策略的培养

——以《有机化学基础》复习课为例

很多老师感觉复习课难上，面向资优生的复习课更难上，即使精心准备的复习课也不一定收到很好的效果，但复习课又很重要，它是学生"温故而知新"的重要环节。复习课上得好不好，关系到学生对知识的学习能否上升为能力，关系到学生素质能否增强。复习课既不像新授课那样有"新鲜感"，又不像练习课那样有"成就感"。为什么有的同学觉得什么都懂了就是不会解决问题？为什么有的学生感觉学了很多东西却没有实现能力的提升？下面就让我们来剖析复习课的困境，寻找出路。

一、复习课的现状与困境

现在大多数的复习课主要是以下三种形式：①学生自己看书、看笔记、看错题，向老师提问；②教师提前准备复习卷，学生先做题，然后老师对一些共性的问题进行点评；③教师提前精心设计两三个典型问题，与学生共同探讨解决，然后推广开来举一反三，在对比、归纳中将某阶段的问题尽数串在一起，帮大家条分缕析。仔细看来，三种方式都有可取之处：①重视了学生的个体差异，但缺乏教师的引导，不能保证大多数同学有收获，不利于学生建构知识网络；②考前练兵，可能对应试有一定好处，但也不利于学生建构知识网络；

168

③能很好地构建知识网络，也可以调动学生的积极性，但学生的主动复习行动难以建立起来，同时，以上三种形式都难以实现学生能力的提升。

这些方式都有明显的弊端，但仍为大多数老师所采用，因为复习课难上。即使是从教多年的老师仍然不会觉得上复习课是件轻松的事情。复习课难在以下几个方面：①内容方面，在平时的新课教学中，教师已将所有的教学内容都呈现在学生面前，用一句通俗的话说就是"该讲的我都讲了，还要讲什么？"②要求方面，复习课希望实现学生能力的提升，因此设计要求更高，相比平时又要有创新；③学生方面，每个学生之前掌握的内容程度不一样，能力也出现了分化，要想在一两节复习课中实现所有学生的能力提升，谈何容易？所以，学生的能力提升到了瓶颈。

二、有效复习课的功能与目标

在这种现状与困境下，我们好像难以找到出路，因此，我们需要重新审视有效复习课的功能与目标。

（一）知识的再现功能

即通过复习，使学生对化学的基础知识能够准确熟练地掌握，并能灵活运用。尤其是知识的重难点，通过再学习，达到巩固和提高。

（二）知识的梳理功能

关键是将平时相对独立的知识，以再现、整理、归纳的方式串起来，进而加深学生对知识的理解、沟通。

（三）知识的扩充功能

需要把本章知识进行系统归纳、总结，但不是旧知识的简单重复。是学生认识的继续、深化和提高，在复习课中，要实现学生化学知识方法与思维的结合提升。

（四）知识的检测功能

在复习课上，要选择好的问题给学生，学生在解决问题的过程中，在思

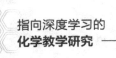

考与困惑中反思自己学习的漏洞与不足。

（五）对自我学习的激发功能

为自我学习创设反思与激励机制，发挥学生开展自我学习的自觉性。进一步培养学生的自学能力，发展独立思考、刻苦钻研的精神，培养仔细计算、书写整洁和自我检查的良好习惯。这一功能，一直延续到课外复习的各个阶段。

第五项功能正是很多复习课所欠缺的。即复习其实不限于复习课，复习课只是一个载体和引子，它更重要的作用在于，通过复习课让不同的学生发现属于自己的问题，制定属于自己的复习规划，自我因材施学，这样，才能尽可能地让更多的学生在复习中获益、提高。那么，复习课就要促成学生的自我归纳、自我诊断与反省，这正是元认知监控学习策略。

三、实现有效复习课的出路是元认知监控

针对学生在复习中主动性差、依赖性强的现象，笔者引入元认知的相关理论和训练方法，希望能提高学生的主观能动性，进一步提高复习质量。

元认知在学习活动中具有重要作用，是因为它具有两个重要功能：①意识性。能使学习者明确知道自己正在干什么、干得怎样、进展如何。②调控性。使学习者能随时根据自己对认知活动的认知，不断做出调节、改进和完善，使认知活动能有效地向目标逼近。[①]这正好契合了复习课的功能和需求。

对于资优生而言，他们对于知识的理解、概括和归纳能力都具备，欠缺的正是对自我学习的意识和主动有效的调控。

在正式进行复习之前，笔者对学生进行了"元认知监控与学习能力"的

---

① 李仕庆，何静，唐谟堂. 火法—湿法联合工艺处理铅铋银硫化矿综合回收有价金属［J］. 无机盐工业，2012（6）：39–40.

培训，让学生意识到，自我反省与调控能力的欠缺阻碍了他们学习能力的提高，并在教学中与学生共同探讨与实践，达成共识，形成了以下几个方面的元认知监控策略。

（一）创设问题情境，引发思维冲突

复习课一定要提出一些问题情境，引起学生的思考，在思考中发现自身的不足。这些问题情境要满足以下条件：①能够覆盖大多数的基础知识，体现知识的再现和梳理功能；②材料和情境尽量新颖，体现知识的扩充功能，检测学生对知识的应用能力；③要有恰当的深度和难度，不能太难而大大打消了学生的积极性，因为要让学生感受到所学的知识是能够解决很多问题的，增强学习的信心，但也不能太简单，因为复习是为了暴露学生的问题，促进再复习。我们以有机化学的复习为例，学习了烃及其衍生物之后，呈现两个典型的复习案例。

案例1 某制药厂用两种石油裂解气C_4H_8和C_2H_4以及甲苯合成一种药物K，其合成路线设计如图6-1所示。

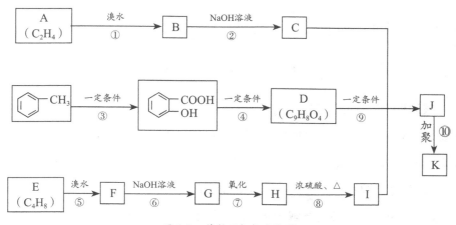

图6-1　药物K合成路线图

其中G无酸性，H、I有酸性；D可与$NaHCO_3$溶液作用生成气体，并遇$FeCl_3$溶液不显紫色；K的分子式为$(C_{15}H_{16}O_6)n$。

（1）请推导出以上每一种物质的结构，每一个反应的反应类型及化学方程式。

（2）写出I属于链状酯类且其核磁共振氢谱图中有三个吸收峰的同分异构体的结构简式＿＿＿＿＿＿＿。（任写两个）

该问题的功能是：覆盖了烃及其衍生物的一共8种10个反应，尝试通过条件、性质及分子式来推断物质结构，还包括同分异构体的书写，考查学生对于基础反应的掌握程度，对于物质组成与结构的认识。

案例2 （2022年广州市普通高中毕业班综合测试一）化合物G是合成某强效镇痛药的关键中间体，其合成路线如图6-2所示：

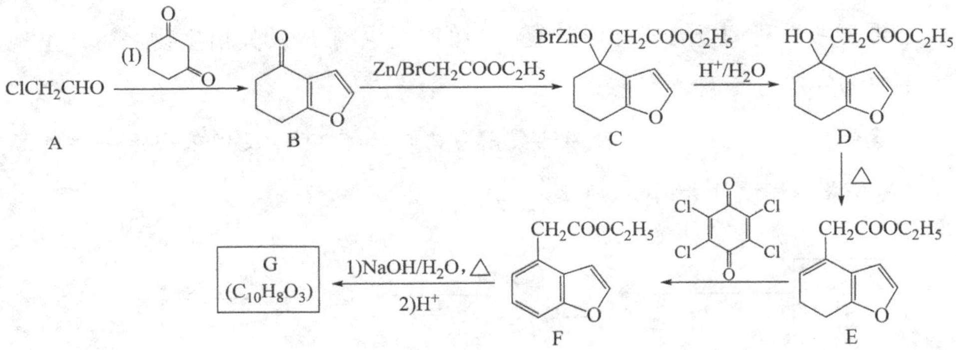

图6-2 化合物G的合成路线图

该问题有一定的思维深度，涉及了6种有机反应，其中4种是中学阶段并不要求的，而且有一种陌生物质的结构未知。这就要求学生通过反应条件、前后物质结构的变化一一推导反应机理，才能弄清楚每一步断成键的方式。考查学生的观察、分析及综合推理能力。

（二）引导说出答案详解，暴露思维漏洞

具体做法是在规定的时间内，学生做完了教师给定的问题之后，给一点时间让学生整理思路，然后，让学生在小组或全班汇报自己制定的答案详解；要求是教师不提示，学生自己组织语言的逻辑顺序。一般请两位学生来讲，还有不同意见的学生也可以发言，再请他们自己或其他学生来点评。

汇报答案详解的要点是：①我解答该问题的方法和步骤；②我解答该问题困惑在哪里？③什么影响了我解答这个问题的准确性和速度？点评的要点是：①他们汇报的答案详解的优点是什么？②还存在什么问题，是知识准备的问题，还是审题问题或综合能力问题？

比如解答案例1，题目给出了三条路径的反应物和每一步的条件或产物，学生根据书本上的典型反应进行顺式思维解答即可，影响解答问题准确性和速度的应该是：学生对课本典型反应的产物与条件的不理解或不熟练。案例2，根据题设问题，需要回答"（2）A生成B的方程式可表示为：A+I==== B+Z+H_2O，化合物Z的化学式为_____。（3）D生成E的反应类型为_____。（4）F生成G的离子反应方程式依次是：_____，_____。（6）根据以上信息，

写出以 ![苯乙烯结构] 及$BrCH_2COOC_2H_5$为原料合成 ![含OH和酯基的产物结构] 的路

线：_____（其他试剂任选）。"这几个问题指向对反应机理的理解和迁移，需要认真分析断成键情况。

影响解答问题准确性和速度的可能是：①学生对课本典型反应的产物与条件的不理解或不熟练；②学生对物质结构的观察能力还不够，比如官能团种类与位置发生了什么准确变化，可能是什么原因。

最后，教师进行点评，可以表扬好的解答方法，也可以深化难点的剖析，或者对问题进行延伸。总之，要点醒学生，让他们每个人意识到自己在哪些方面不足，还要加强自我反思与复习。

只有让学生充分暴露了自己的整个思维链条，老师和其他同学才能帮他监控思维的逻辑性、科学性，诊断问题所在，即通过对比分析与评价，来达

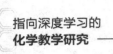
成对自我学习特点的意识性，实现自我认知的监控。

（三）展示问题变式，引发深刻反思

如果是无机或原理问题的复习，可以采用变式的方法，继续用题组来举一反三。但有机复习的变式，在于相同官能团、相同反应条件在不同结构中的变化。看起来问题大不相同，但实质是一样的，研究方法也是一样的，通过对变式的剖析与研究，反思对已学知识与方法的掌握。

比如上述案例2呈现的系列反应，很多学生觉得比较困难，难以入手，但分析该流程，发现需要细心观察过程前后物质结构的变化，判断断旧键成新键的位置。这种问题正好是这几年高考题的呈现方式，也是一种有机学科素养。

例题 （2021年广东省普通高中学业水平选择性考试）天然产物V具有抗疟活性，某研究小组以化合物1为原料合成V及其衍生物Ⅵ的路线如图6-3所示（部分反应条件省略，Ph表示—C_6H_5）。

图6-3 合成V及其衍生物Ⅵ的路线

已知：

主要设问有：（1）反应①的方程式可表示为： Ⅰ＋Ⅱ ══ Ⅲ＋Z，化合物 Z的分子式为＿＿＿＿＿＿＿＿＿。（2）化合物Ⅳ能发生银镜反应，其结构简式为＿＿＿＿＿＿。（3）反应②③④中属于还原反应的有＿＿＿＿＿，属于加成反应的有＿＿＿＿。（4）根据上述信息，写出以苯酚的一种同系物及 $HOCH_2CH_2Cl$ 为原料合成的路线：＿＿＿＿＿＿＿（不需注明反应条件）。

要解决这几个问题，需要三种基础准备：①对课本典型反应、对重要官能团之间的转化非常熟练；②分析题给的反应信息，准确地判断断旧键成新键的位置，并确定该信息在整个流程中的作用；③对目标产物的官能团进行辨析，能做适当的拆分，结合已学反应制定大概的流程。学生进行元认知监控的目的是，弄清楚新旧知识在这样的综合问题中如何衔接和利用，从而制定以下流程图（如图6-4所示）。

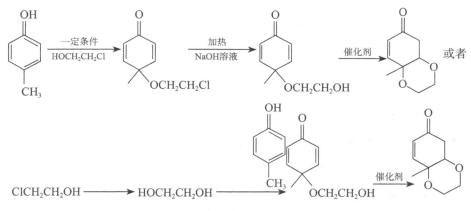

图6-4　解题流程图

现代社会知识呈爆炸式增长，我们的学校教育不仅要教会学生一些经典的永不褪色的知识，打好学科基础，还要教会学生识别、选择、利用各种新

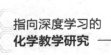
信息，而这类高考题正好满足了这两种要求，因此，这种考查方式必将成为高考的趋势。因此，在平时的教学中，我们也可以将一些新信息拿来给学生分析和应用。例如：

变式训练 I. $RCHO + R'CH_2CHO \xrightarrow[\triangle]{\text{稀NaOH}} RCH = \overset{R}{\underset{|}{C}}CHO + H_2O$（R、R'表示烃基或氢）

（1）请分析以上化学反应的机理，用虚线画出断键的位置，用箭头画出基团连接的方式。

（2）请写出丙醛和丁醛在稀碱溶液中反应的方程式，用虚线画出断键的位置，用箭头画出基团连接的方式。

通过以上变式训练，检验学生对反应原理、反应类型、官能团变化、反应条件的认识，强化书写与表达规范。

（四）自我提问，制订复习计划

经过以上的问题和反思，学生大概已经清晰了自己有机复习的缺陷，经过教师的指引，可以自己制订接下来的复习计划。

比如，有位同学在课后作了如下反思与计划：

① 我本章复习的优势：方程式和物质的性质掌握得比较熟练；

② 我本章复习的弱势：做综合推断比较慢，有时在某一两步卡住了，说明我的基础知识有漏洞，特别是难以迅速调用所需要的化学反应或条件。

③ 复习计划与对策：做两种归纳总结，一种是以反应条件为线索，比如用到浓硫酸的有机反应、用到氢氧化钠溶液的有机反应、能与溴水反应的物质、能与液溴反应的物质和条件；另一种是以物质之间的关系为线索，不能孤立地写化学反应。多观察新反应，学会将已知的有机化学性质与研究方法应用在新的问题中。

（五）自我编题，检测复习效果

学生可以自己寻找问题或者改编曾经做过的题目，在全班范围内相互交流，将出题人的出题意图、答案详解与做题人的领会情况进行对比，并互相评价出题水平与做题情况，达到相互交流、共同进步的目的。

学生编题1 已知 $CH_2=CHCH_3+Cl_2 \xrightarrow{500℃} CH_2=CHCH_2Cl+HCl$，请利用该信息，写出以 1-丙醇为原料合成三硝酸甘油脂的路线。

学生编题2 以下是制备酚醛树脂的反应原理：

（1）请分析以上两步反应的机理，用虚线画出断键的位置，用箭头画出基团连接的方式。

（2）请写出乙醛和苯酚在此条件下反应的方程式，用虚线画出断键的位置，用箭头画出基团连接的方式。

学生编题3 某实验小组在做溴代环己烷的水解反应，有组员认为该反应的产物环己醇会让溴代环己烷同时发生消去反应。请设计方案选择合适的试剂探究该反应后的有机层混合液中是否存在环己烯和环己醇。

通过自我编制问题，学生更加深切地感受到平时所学的基础知识和学习方法该如何应用到新情境中，新旧知识该如何衔接和综合应用。

以上策略，是笔者在实践中与学生共同探讨并共同实践而形成的，现在，这些学生已经上高三了，但是，他们非常喜欢这种学习与复习方式，认为这种研究会使他们对问题的研究更加全面、透彻。进入高三一轮复习，我们在无机元素化合物的复习中分组进行了知识网络建构、宣讲与编题的尝试，在基本理论复习中分组进行了学生自我选题、讲题、编题的尝试。师生的教学能力、研究能力在元认知监控理论的指导下共同提高。